信州怪談

丸山政也

竹書房
怪談
文庫

目次

送り盆　（安曇野市《あずみのし》）

「おおらかな時代だったということだね」

そういって、八十代の男性Nさんは語る。

Nさんが子どもの頃というから、今から七十年ほど前の、送り盆のときのことだという。

近所の友だちが家にやって来て、川に行かないかと誘ってきた。尋ねるまでもなく、毎年恒例の行事に行くのだとNさんは察した。

土蔵から手製の網を引っ張り出してきて、ふたりで川のほうへ向かう。

橋のうえから川に流される墓の供え物を拾うためだった。

今では信じられないことだが、当時はどの家も貧しかったため、死者を弔うためのお供え物でも粗末にすることはできなかった。もっとも、この辺りでは昔から行われていたことなので、Nさんも物心がついた頃からそういうものだと思っており、罰あたりなどという認識は欠片《かけら》もなかった。首尾よく拾って帰ってくると、家族は皆喜んで食べたそうである。

その年もいつものように川下のほとりで待機していると、風呂敷に包まれた供え物がいくつも流れてきた。手を伸ばしても無理なときは網や木の棒を使うのだが、それでもなかなか上手く取ることができない。

——と、そのとき。

紫色の風呂敷包みがひとつ、浮きつ沈みつ流れてきたかと思ったら、その背後から軍服のようなものを着た若い男がうなだれた姿勢で、ざぶりざぶり、と水のなかを歩いてくる。

流れの速い場所や河床の悪いところもあるというのに、そんなことはお構いなしといったふうにこちらへ近づいてくるので、ふたりは固まったようになってしまった。

それ以上に愕《おどろ》いたのは若者の顔色で、真夏の強い日差しのなかだというのに、まるで日陰のなかにいるような翳《かげ》を帯びていた。

と、その瞬間、隣にいた友人が、あッ、と短い叫び声を上げた。

なにごとかと横を向くと、友人はひどく怯えた表情で、歯の音が合わぬほどにがたがたと震えている。

「ねえ、あのひと……あのひとさ、うちの隣の家の兄さんだよ。でもこの前、戦争で死んだって聞いたんだよ。新盆をやったといってたのに――」

それを聞くやいなや、Nさんは友人の手を取るように川べりから離れた。若者は一心不乱に川のなかを歩いていたが、Nさんたちの眼の前を通り過ぎ、しばらく行ったところで、突然その姿が見えなくなった。

ふたりは恐ろしくなって、その日はなにも取らずに家へ帰ったという。

翌年からは友人に誘われることもなくなり、Nさんも送り盆の時期に川へ行くことはなくなった。

成人する頃には供え物を川に流すことが禁止され、長年続いてきたその風習も途絶えてしまったそうである。

赤子ヶ淵　（下伊那郡）

二十年ほど前の晩秋のこと。

主婦のF子さんは清内路村《せいないじ》（現在の下伊那郡阿智村《しもいなぐんあち》）の黒川の上流に紅葉狩りに出掛けたそうである。

噂には聞いていたが、予想以上の景色の美しさだった。一緒に来ていた友人も夢中になって写真を撮っている。

と、そのとき、どこからともなく赤子の泣き声が聞こえた気がして、辺りを見廻してみたが、自分たち以外にはひとの気配はなかった。

「今、赤ちゃんの泣き声が聞こえたよね？」

そう友人に尋ねてみると、そんな声はしなかったよ、という。

気のせいかと思ったが、耳を澄ますと、やはり赤子が泣くような声が聞こえてくる。

それも普通ではない感じの泣き方なので、もしかしたら赤ん坊がどこかに置き去りにされてしまっているのではないかと思い、友人から離れて周囲を少し歩いてみたが、それらしいものは発見できなかった。

　ふと気づくと声は聞こえなくなっていたが、なにか後ろ髪を引かれるような気持ちのまま帰宅した。

　夕餉《ゆうげ》の席で、昼間友人と黒川のほうに紅葉狩りへ出掛けたこと、また周囲には誰もいないのに赤子の泣き声がしたので捜してみたが見つけられなかったことを家族に話してみた。

　すると、同居する義母がなにか考えこんでいるようだったが、しばらくして、

「あなたがそれを聞いたのは赤子ヶ淵《あかごがふち》ではなかった？」

といった。

　そのような土地の名前は聞いたことがなかったので、詳しく場所を説明すると、やはりそこで間違いないという。

　義母の話では、その辺りが赤子ヶ淵と呼ばれるようになったのは、遠い昔に悲しい出来事が起きたからだというのだった。

　織田信長と徳川家康の連合軍が伊那谷に攻め入ってきたとき、飯田《いいだ》城主であった坂西《ばんざい》

氏は城で討ち死にする覚悟でいたが、重臣たちに一度木曽谷《きそだに》に隠れて再起を図るように諫《いさ》められ、夫人と生まれてまだまもない赤子を連れて城を脱出した。

しかし敵が迫ってきたため、これはもう駄目だと、家臣のふたりに赤子の信千代《のぶちよ》を預け、坂西氏は夫人とともに戦死した。

託された家臣たちは交替で信千代を背負いながら清内路に入り、鳩打峠《はとうちとうげ》へと向かう道に出たので安堵したが、その矢先、峠のほうから威勢のいい敵方の声が聞こえてくる。慌てて岩陰に隠れたが、なにか様子がおかしいので背後を見ると、おぶった信千代はぐったりとして、ぴくりとも動かない。――ひもじさゆえか、死んでいたのである。

「もはやこれまでか。信千代殿おゆるしあれ」

ふたりの家臣は、信千代の亡骸《なきがら》の前で揃って自害し果てたという。

それ以来、この辺りでは赤子の泣き声を耳にする者が多く、信千代の魂が彷徨《さまよ》っているのだといわれ、赤子ヶ淵と呼ばれるようになったということだった。

出入りする老人（駒ヶ根市）

駒ヶ根《こまがね》市内で庭師をしているJさんの話である。

三年ほど前、一見の年輩の女性客から庭木の剪定依頼があったという。

知人から紹介されたとのことで、その日の朝、Jさんが初めて訪れてみると、庭だけで二百坪はありそうな広さだった。もっとも依頼を受けたのは庭のすべてではなく、生垣にしているツゲの剪定のみだったそうだ。

これならひとりでも一日あればできるだろうと作業を始めたが、客からは事前に、当日は用事があるので朝から留守にしていると知らせを受けていた。

いつものようにラジオを点け、刈込バサミを手にして、うえのほうから剪定していく。

早朝は雲ひとつない晴天だったが、昼過ぎになるとどんよりと曇ってきて、今にも雨が降り出しそうだった。

――早めに仕上げちまわねえとな。

と、そう思って最後に玄関横の生垣の剪定にかかったとき。

ラジオから流れる軽快な音楽が突然止み、チーン、チーン、と仏壇の鈴《りん》のような音が聴こえてきた。ほどなく経を読む男の低い声がし始めたので、ずいぶん妙な放送だなと感じたが、脚立に上っていたため、そのまま作業を続けた。

すると、鳥打帽にこげ茶のツイードの上着を羽織った背の低い老人が、杖をつきながら玄関先の庭を歩いている。

留守といっていたが、ご主人は家にいたのだなと思い、こんにちは、と脚立のうえから声を掛けたが、まるで聞こえていないかのように、なんの返答もない。

もっとも高齢とあって耳が遠いのかもしれなかった。

もし眼が合えば会釈ぐらいはしておこうと思ったが、そんなことを考えているうちにいつのまにか老人の姿は見えなくなっていた。気づくと、ラジオからは再び女性シンガーのポップな曲が流れている。

四、五十分ほど経った頃、またチーン、チーン、と例の鈴の音が聴こえてきたかと思うと、先ほどの老人が玄関前に敷かれた飛び石のうえを一歩一歩歩いていた。

しかし考えてみると、玄関の引き戸が開く音を耳にしていない。玄関からここまではそう離れているわけではないし、年季の入った引き戸は開け閉めするときに結構な音を立てるはずだった。気づかないはずがないのだ。

手を動かしながら、そんなことを考えているうちに、また老人は家のなかに入ってしまったのか、姿が見えなくなっていた。

空模様は怪しかったが、なんとか雨が降り出す前に作業を終えることができた。

あと片付けをして帰ろうとしたが、その前にひとことご主人に挨拶をしておこうと思った。

玄関の呼び鈴を押してみたところ、いつまでたっても出てくる気配がない。玄関を開けて声を掛けてみようと引き戸に手を伸ばしたが、施錠されているようでまったく動かなかった。


数日後、作業代金の徴収に客の家へ行ったとき、

「あの日は留守とのことでしたが、ご主人はいらっしゃったのですね」

そう尋ねると、女性は怪訝な顔をして、

「いいえ、あのひとはとっくに亡くなっていますから、この家はわたしひとりで住んでいますが――」

と、そんなことをいう。

鳥打帽にツイードを着た老人が杖をつきながら玄関の前を歩いていたことをJさんが告げると、女性は突然、はらはらと涙を流して、

「それはうちの亡くなった主人に間違いありません。いつもその格好をして散歩をするのがあのひとの日課でしたから。実は、あの日は主人の七回忌でしたが、かしこまった法事はやらずに松本市に住む子どもたちのところへ行って、一緒に食事をしたんですよ」

やはりちゃんと法事をしてあげたほうがよかったのかもしれませんね――。

手の甲で目頭を押さえながら、そう女性はいったという。

消える人影（松本市）

松本市の繁華街にある某商業施設の建つ付近は元々、寺が多く、昔は広大な墓地だったそうである。

駅前の開発にともない墓は郊外の霊園に移されたが、墓石だけを動かし、その下に眠る多くの遺骨はそのままだったため、工事の際に数え切れないほどの人骨が出てきたという。

現在も地下階の壁に吸い込まれるようにして消える和服を着た女や、髷《まげ》を結った男の姿などが、時折、従業員や客たちに目撃されているとのことである。

真偽のほどはわからないが、屋上に鳥居があるとも仏壇のようなものが設置されているともいわれている。

私の友人H君の話である。

五年前の年明けのこと。

その日は初売りのセールで開店前に店の前に着いたが、福袋目当ての客がすでに列になっていたので、仕方なく最後尾にＨ君は並んだ。

開店と同時に客たちはなだれ込むように店内に入っていく。Ｈ君は馴染みのショップに顔を出して仲の良い店員に年始の挨拶をし、少し談笑を交わした後、買い物を済ませた。

さて帰ろうとエスカレーターで下っていたとき。

今どきの洋服を着た若い女性がＨ君のすぐ眼の前に立っていた。と思ったら、瞬きをする間に忽然とその姿が消えてしまったので、思わず言葉を失ったという。

その女性が幽霊――のような存在だったとしたら、先述の墓地由来のものとは無関係だろうと思われる。

またこんな話もある。

その商業施設の前には広場が設けられているが、週末になるとフリーマーケットが催されたり、イベントが行われたりと、人々の憩いの場となっている。

現在、大学生のＢさんは、高校時代はダンス部に所属していたが、放課後にこの広場で練習をすることが多かったという。

晩秋の、黄昏どきのこと――。

音楽プレーヤーで曲を掛けながら友人とステップの確認をしていたときだった。

自分たちの踊る姿をすぐ近くから見ている少女がいたが、それがなにやら妙な格好だった。地味な絣《かすり》の着物を着て、背なかに乳飲み子をおんぶしながら、まるで音楽に合わせるように躯《からだ》を揺らしているのである。

少女と思ったのはその背の低さからで、よく見ると、幼いのか年寄りなのかわからない顔をしていた。

「ねえ、あのひとなんだろう。なんか、ずっとこっちのほうを見てるんだけど」

友人にそう耳打ちすると、なんのこと、という。

「なんのことって、ほら、そこにいる――」

そういいながら視線を向けると、忽然《こつぜん》とその姿は消えたという。

菅平高原　（上田市）

上田市の北部から須坂《すざか》市にまたがる菅平《すがだいら》高原は、ラグビー合宿の聖地として知られている。

毎年夏になると八百にものぼる高校や大学、社会人のチームが合宿を行い、朝から晩まで練習に明け暮れるのだそうだ。

なぜ菅平ばかりそんなにひとが集まるのか。

それは高地であるため空気が薄いのでトレーニングに適しているのと、ラグビーのグラウンドが百面以上あること、また日本各地から強豪チームがやってくるので、彼らの練習や技術といったものを直接眼にすることができるからだという。

十年ほど前、Nさんは関西の大学でラグビー部に入部していたが、夏の合宿は恒例の菅平高原だった。

練習漬けになることや拘束時間が長いことを思うと憂鬱だったが、いざ行ってみると、空気は美味く、他チームの有名選手と交流することができたので楽しかったという。

ところが、合宿の最終日に数人でランパスの練習をしていたところ、一緒にパスをつないでいたチームメイトのひとりが、突然立ち止まったかと思うと、ボールを取ることも忘れて茫然と突っ立っている。

それを見て監督は怒鳴《どな》り声を上げたが、そんなことは耳に入らないというように指をグラウンドの中央のほうに向けている。

なにごとかとNさんは近づいていって、いったいどうしたんだよ、というと、

「お前、あそこに見えないか。ほら、ラガーシャツを着て走っている男。いやしかし、俺どうかしちゃったのかな。あの男、頭がないんだ――」

と、そんなことをいう。

高原とはいえ、夏の日中はかなりの暑さになるので、熱中症かなにかで妙な幻覚を見たのではないかと思った。

監督のほうに手を上げて、少し休ませてあげてください、とNさんがそういったとき。

彼の躯のすぐ横を一陣の風が通り過ぎた。

と、次の瞬間、頭のない厳ついラガーマンが眼の前を走り去っていく。しかも、その

姿が消えたり現れたりしているので、なにかの拍子に視界がおかしくなったのかと、何度も眼を瞬いてみたが、やはり頭部のない男がグラウンドを走り回っているので、チームメイトとふたりで固まったようになってしまった。

監督に話したところで信じてもらえないだろうし、どうせ怒られるだけだろうと思ったが、どうしたわけか、練習はそれで切り上げになった。

その日の夜、ふたりは監督に呼び出されたので、ひどく叱られるのかと怖れていたら、

「いやあ、しかし、ここには毎年来とるが、あんなもん初めてやわ。お前らもアレを見たんやろ？」

どこか落ち着かない表情でそういわれたそうである。

これ以外にもラグビー練習場付近では、母子の幽霊とおぼしきふたり連れや、グラウンドのベンチに座っている老人がひとりごとをいいながら突然消えてしまうという目撃談もあるとのことだ。

借家　（松本市）

三十年ほど前のことだという。

松本市内に家を新築していたMさんは、郊外に借家を借りることにした。

築五十年ほどの古い一戸建てである。

家が竣工するまでの一時的な住まいだったが、妻はそのあまりの陰気くささに、夫が仕事に行っている間もひとりでいることができないと不平を漏らした。

しかし家賃が破格に安いので、背に腹は代えられない。

もう少しの辛抱だからそれくらい我慢をしてくれ、と夫は妻を諫めた。

ところが、それからほどないある日、深夜になると天井裏から、みしりッみしりッ、となにかが動くような音がした。

ネズミだろうと思ったが、子どもの頃、実家でよく耳にしたネズミの駆け回る音とは異なる気がした。もっと大きななにかが這いずるような音なのだ。

ネズミより大きいものといえば、猫やハクビシンくらいしか思いつかないが、いくら古民家とはいえ、そんな動物が忍び込む隙間がどこかにあるとは思えない。もっとも、そういう四足動物の動くような音ではなかった。かといって、それが何であるのか、Mさんにはまったく見当がつかなかった。

連日のように音に悩まされたMさんは、不動産屋に掛け合って、害獣の駆除業者を呼んだ。

業者の男性は家の周囲を廻りながらあちらこちら見ていたが、動物が入り込むような隙間はどこにも見当たらないと首を捻っていた。

今度は家のなかに入って押入れから天井裏に顔を出し、懐中電灯で照らしながら、しばらく見ていたが、動物の糞や尿臭もなく、そういった動物の痕跡がないので、なす術がないようだった。

「家鳴りとかではないですかね」

そういって、業者の男性は帰ってしまった。

それから数日は静かな夜を送ったが、ある晩、寝ていると、妻がMさんの躯を揺すって起こしてくる。いったいどうしたのかと訊くと、天井裏から妙な音がするという。

また来たかと、今度は正体を見定めてやるつもりで、向こうに気配を察知されないように慎重に準備をし、押入れの襖《ふすま》を開けた。ゆっくりと天井の点検口を押し上げる。

手にした懐中電灯を暗闇にかざした、そのとき。

Mさんは、見た。

黒い大きな蜘蛛《くも》が、天井の梁《はり》に脚を伸ばして揺れながら蠢《うごめ》いている後ろ姿だった。

いや、それは蜘蛛ではない。よく見ると、黒い躯から覗いているのは、人間の白い手足なのである。

しかし、手も足も異様な長さで、一見、やはりそれは巨大な蜘蛛にしか見えなかった。

黒く見えているのは、どうやら和装喪服のようである。

あまりのことに言葉を失っていると、ねえどうしたの、と下から妻の声が聞こえた。

それにはなにも答えられず、なおも光を照らしていると、四肢を伸ばしたその巨大な蜘蛛のような人物がMさんのほうに振り返った。

深い皺《しわ》の刻まれた、老婆の顔だった。

思わず、うわッ、と声をあげ、押入れの棚からMさんは転げ落ちた。

なにごとかと駆け寄る妻に今見たものを話すと、

「またそんなことをいって、どうせ私を怖がらせようとしているんでしょう?」

怯えた表情をしつつも、半信半疑といったふうにひきつった笑顔をしたので、

「それじゃあ、君が見てみろよ」

と、そういった瞬間、天井の蓋が、ばたんッ、と音を立てて閉まった。夫婦は腕を取り合いながら、転がるように外へ飛び出したそうである。

車のなかでひと晩やり過ごし、翌朝早々に不動産屋へ赴いて昨日の夜の出来事を話してみると、深くあれこれ訊かれることなく、どうか内密に、といって、ただ同然の違う物件を紹介されたという。

荷物も少なかったので、昼間のうちに自分たちだけで引っ越しを済ませたそうである。

善光寺（長野市）

善光寺《ぜんこうじ》はいわずと知られた長野市元善町《もとよしちょう》にある無宗派の単立仏教寺院である。

本尊は欽明《きんめい》天皇十三年（五五二年）、仏教伝来の際に百済《くだら》から日本に伝えられた国内最古とされる一光三尊阿弥陀如来《いっこうさんぞんあみだにょらい》で、絶対秘仏だという。

草創期の資料が残っていないため詳しいことは不明なようだが、大正十三年と昭和二十七年に境内地から白鳳《はくほう》時代の瓦が発見されたため、七世紀後半にはかなり大規模な寺院であったことがわかっているそうだ。

古くから多くの参拝者があったが、江戸時代末期には「一生に一度は善光寺詣り」とまでいわれるようになったという。ひとが亡くなった直後に霊魂が善光寺に参詣するという考えが広く人々の信仰を集めたようだが、それにまつわる怪異譚も多く、善光寺に行くと死んだひとに会えるともいわれている。

善光寺で偶然知人に会って会話を交わしたが（見かけただけのケースも）、後で帰ってみると、その知人はすでに亡くなっていたことがわかるという話が全国各地で語られているようだ。

香川県では、あるひとが善光寺に参詣したところ、見覚えのある着物の男が歩いていたが、今時分このひとが善光寺などに来るはずがないと思っていた。それからしばらくして村に帰ってみると、ちょうど寺で会ったその日に亡くなっていたという話が伝えられている。

また維新前後の頃、京都のある寺の関係者が善光寺詣りから帰ってくる途中で寺男（寺で雑用をする下男）に会った。

どこへ行くのかと問うと、これから信濃の善光寺に行くのです、と寺男は答えた。いいところで会ったから一緒に飯でも食おうか、ということになり、近くの店に入って注文しようとすると、自分は弁当を持ってきているから結構です、といって断る。そして懐から出したのを見ると、握り飯になぜか砂が付いてしまっていたが、それをうまく除けながら食べていた。

そこで別れてから帰ってきてみると、その寺男は急な病かなにかで死んでいる。

そんなはずはないと帰途に偶然会ったこと、また一緒に飯を食べたときに握り飯に砂が付いていたことを話すと、周囲の者たちは一様に愕《おどろ》いている様子だった。

寺男の葬式のとき、供えた飯を誤って落してしまい、それに砂が付いてしまったが、構わずそれを棺に入れてしまったというのである。

また別のこんな話もある。

善光寺参りに出かけたある村の老婆の一団が、道中おしゃべりに興じながら善光寺に到着し、お堂の前で拝礼して、さて帰ろうとすると、どうしたわけか老婆のうちのひとりが、突然、犬になってお堂の縁の下に潜っていってしまった。どうやっても出てこないので、皆途方に暮れてしまったが、これは仏様にすがるほかないと、その場にひれ伏して元の姿に戻るように祈ったが、その甲斐はなかった。

きっとおしゃべりなどしていたので、仏様の怒りをかってしまったのだと、一同悄《しょう》然《ぜん》として引き返したところ、先ほど犬になった老婆がなにごともなかったかのように人間に戻って駆けてくる。

皆喜びながらもなんだか薄気味が悪いので、老婆に色々と問い質したが、ただ寂しそうに苦笑するだけで、なにも答えなかったという。

たまよび　（松本市）

乗鞍《のりくら》高原や上高地《かみこうち》を抱く南安曇郡安曇村（現在の松本市安曇）のある集落では、人が亡くなると、家の屋根に登って、「おーい、おーいッ」と空に向かって大声で叫ぶ風習があり、これを「たまよび」と呼んだ。

何十軒もの家々で同時にそうする姿はさぞかし奇観であったろうと思われる。

なぜそのようなことをするのか。

それは死者の魂を呼び戻し、この世に生き返らせるためなのだという。

肉体を離れて空にあがっていく魂を大勢の声で呼び戻せば、亡くなった者の命がよみがえると信じられていたそうだが、そんな素朴な風習も昭和の初め頃までは残っていたが、家屋の西洋化などにより、現在ではまったく行われていないとのこと。

天寿をまっとうした老人のときよりも、若者が事故や病気で亡くなった際の呼び声の悲愴さは、ただならぬものだったという。

古民家（佐久《さく》市）

二十年ほど前、陶芸家のＤさんは山麓に建つ大きな古民家を格安で購入したそうである。

幕末か明治期に建てられたという話だったが、これまで改装のようなことはされていないようで、Ｄさんも特にリフォームはせずにそのまま入居したという。

ところが、住み始めてすぐに妙なことがあった。

深夜、眠ろうとして戸締まりをするため玄関に行くと、土間のうえにみすぼらしい身なりをした知らない男が立っている。

どなたです、といおうとした矢先、その場に両膝を突いたかと思うと、地面に深々と頭をくっつける。土下座をしているのだった。

県外から引っ越してきたばかりで、そんなことをされる覚えはないので、

「いやいやいや、頭をあげてください。いったいどなたですか」

そういうと、男は日焼けか汚れかわからないが真っ黒な顔をあげて、Ｄさんに向かっ

て両手を合わせながら拝むような仕草をしてくる。

「よくわからないが、まあちょっと家にあがってください。なにか事情がありそうだから」

もしかしたら、しゃべることができないのかもしれないと思って、ちょっと待ってくださいと手で合図をし、居間に紙と鉛筆を取りにいったが、戻ってくるとなぜか男はどこにもいなかった。

また別の日、夜中に妙な唸り声を聞いた気がして、不意にDさんは眼を覚ました。が、彼は独身なので家のなかには自分しかいないはずである。

きっと自分のいびきで起きてしまったのだろうと思った瞬間、寝室の引き戸は閉まっているのに、敷居のところから布団に向かって絣《かすり》の着物を身に着けた女の両足が、横たわった状態で伸びているのが夜目にもわかった。

吃驚《びっくり》して起き上がり、慌てて部屋の照明を点けたが、女はおろか、見間違えそうなものもないので、不思議で仕方がなかった。

そんなことが二度三度あったため、これはおかしいと思い、近所に住む古老の男性にその話をしてみると、大正か昭和の初め頃、その家には高利貸《アイスクリーム》しを営む老婆がひとりで住んでいたのだという。

ところが、ある日、返済の滞った男に縊《くび》られて殺されてしまったというのだった。なにぶん子どもの頃に父親か祖父に聞かされた話とのことで、詳しいことはよくわからないと老人は語った。

しかし、老人が知るだけでも、その家にはこれまで何人ものひとが住んでいるが、そういったものが「出る」話は初めて聞いたというのだった。

それ以降もＤさんは同じ家に住み続けているが、今は殆ど異様なことは起きていないという。

スケートリンク　（安曇野市）

温暖化の進んだ現在では信じられない話かもしれないが、私が小学生だった四十年ほど前は、冬期になると小学校の中庭に教職員による手製のスケートリンクが造られ、朝早く登校しては、よくそこで滑ったものである。

もちろん本物のスケート場のように大きくはないが、それでもスケート靴を履いて氷上を滑るのは、大変に楽しかった記憶が残っている。

八ヶ岳《やつがたけ》の麓に位置する茅野《ちの》市の小学校では、冬はマイナス二十度近くになるため、今でも校庭にスケートリンクが造られるという。白馬《はくば》の小学校ではスキーのジャンプ台まであるそうだ。

Tさんの通っていた安曇野市内の小学校でも、ＰＴＡの役員や教員たちによって中庭に小さなスケートリンクが造られ、冬場は毎朝のようにそこで滑るのが習わしになっていたという。

小学四年生の頃のことだった。

スケートをするため、Tさんはまだ夜が明けぬうちに学校へ来ると、スケートリンクのほうから誰かが滑っているような音が聞こえてきた。

先生たちも来ていないこんな時刻にもう誰か登校しているのかと愕いたが、リンクを見ても、そんな人影はどこにもない。

気のせいだったかと靴を履き替えていると、ざざざッ、と氷が削られる音がし、次の瞬間、Tさんの顔に大量の冷たい粉が降りかかった。

愕きながらそれを払い除けると、同学年ほどの見たことのない少女が氷のうえを華麗に舞っている。

まるでフィギュアスケート選手のように見事な動きだったが、学校のスケートリンクの表面は凹凸《おうとつ》が激しいのだから、とてもあんなふうには滑れないはずだった。

口を開けて見ていると、女の子は高速スピンをしながら霞《かすみ》のように消えてしまったという。

猿の怪話　（信州各地）

峠道を車で走っていると、時折ニホンザルを見かけることがあるが、山間部の多い信州では県内の至るところに野生の猿が生息しているといわれている。

なかでも下高井《しもたかい》郡の地獄谷《じごくだに》温泉に浸かる猿はスノウモンキーとして世界的に有名で、冬場になると海外から多くの観光客が押し寄せる。

信州人は古くから猿と近しい関係にあったせいか、猿にまつわる奇談や怪話が語り継がれているので、いくつか続けて紹介したい。

三十年ほど前、都内に住むHさんは観光で木曽路を訪れたという。

街道の古い宿場町の佇まいに感激し、ずらりと並んだ木造長屋の素晴らしさは思っていた以上で、まるで江戸時代にタイムスリップしたかのような錯覚を覚えたそうである。

眼に映る様々なものを写真に収めていくうちに、街道から外れて人家も殆どないような山の麓まで来てしまっていた。が、気楽なひとり旅なので、別に誰かとはぐれたわけでもないのだからと、再びカメラを手にしながらあてもなく歩いた。

どれくらい経った頃か、背なかになにか小さな固いものが当たった気がしたので振り向いたが誰もいない。気のせいかと思い、再び歩き出すと十秒も経たずにまた背なかになにかを投げつけられた感じがした。すぐに足元を見ると、栗《くり》の実がころころと転がっている。

自分にめがけてこれを誰かが投げつけたのだろうか。

しかし、ひとの気配などどこにもない。と、そう思ったとき、二メートルほど離れた脇の藪《やぶ》のほうからガサガサッと音がしたので、眼を凝らすと赤い顔をしたなにかが、じっとこちらを見ている。猿だった。

――野生のニホンザルとは珍しいな。一枚撮っておこうか。

カメラを構えてレンズを向けると、猿は手にしているものをこちらに向かって投げようとしているので、思わず身を竦《すく》めた。すると、ふりかぶって投げたものが――やはり栗の実だったが――Hさんのカメラに強く当たった。

「このエテ公めッ」

頭に血が上ったHさんは荷物をその場に放るように置くと、すぐさま猿を追いかけたが、相手はさすがにすばしこく、尻を見せながら奥のほうへと逃げていく。

「おい待てッ、この野郎」

——と、そのときだった。

それまで駆けていた猿が突然くるりとHさんのほうに向きなおって、キーキーキーキーと鳴きながら、なにかを指し示すように右手を上げている。反射的にそのほうに視線がいった瞬間、Hさんは思わぬことに、うわッ、と声にならない声を漏らしていた。

工務店の制服のようなものを着た男が、木の枝に紐を掛けて首を吊っていた。

「あれはどう考えても、猿が教えてくれたんだよな。まあ見たくもないものを見ちゃったわけだけど。それにしてもさ——」

猿が物を投げるときの命中力はすごいもんだよ。でも、猿は骨格上オーバースローはできないはずで、しかもあんなふうな威力では投げられないはずなんだけどね——。

そうHさんは語った。


また以下のような話も伝わっている。

伊那郡殿島《とのじま》(現在の伊那市東春近《ひがしはるちか》)のある農家の夫婦が親子の二匹の猿を飼っていた。ある日、その家の主人が畑仕事にいったので、妻は洗濯をしようと灰汁《あく》を炊き、熱灰と一緒に桶のなかに入れておくと、ひょこひょこと子猿がやってきて、桶の縁で遊ぶうちに誤って熱湯のなかにすべり落ちてしまった。

主人が畑から帰ってくると、親猿が桶の横で悲しそうに泣いているので、どうしたのだろうと思ったら子猿が死んでいる。その様子を見て、

「自分で遊んでいてこうなってしまったのだろう。仕方のないことだと思って諦めなさい」

そういうと、親猿は鍋蓋を持ってきて、それを桶のうえに蓋のようにして被せた。

主人にはその意味がわかったので、ひどく哀れに思い、

「今日かぎりお前を自由にしてやるから、山へ帰りたければそうすればよい」

といった。

親猿は恨めしそうに主人の顔を見ながら、子猿の死骸を抱いて家を出ていった。その挙動がいかにも不審なので、後からこっそり尾いていってみると、山ではなく河原のほうに向かっていく。

すると、そこに架かっていた橋の半ばほどまでいったところで、子猿の死骸を抱いたまま川のなかに身を投げて死んでしまったという。

埴科郡松代町《はにしなまつしろまち》（現在の長野市松代町）に猿屋小路《さるやこうじ》という路地があり、ここに昔ひとりの猿廻しの男が住んでいた。

ある日、この男が飼っていた猿が綱を噛み切って逃げた。かけがえのない商売道具とあって、猿廻しの男は妻と一緒に血まなこになって方々捜したが、どうしたわけか、まったく行方がわからない。

と、そんなとき、近くの長明寺の住職が本堂で御経をあげていると、どこからともなく一匹の猿が現れた。

見ると、手に袋のようなものを携えている。猿はそれを住職に差し出してくるので、なかを覗くと、どうやら米が入っているようだった。

すると、猿はまるで人間がするように蹲踞《そんきょ》の姿勢をとり、しきりに手を合わせてくる。そして伏し拝んでから、再びどこかへと消えていった。

住職はどうにも不思議に感じたので、猿屋小路の猿廻しを呼んで、つい先ほどの出来事を話すと、男は感慨深げな表情になった。

「実は今朝方、うちの猿が綱を噛み切って逃げてしまったので、あちらこちら捜していたのでした。昨日も妻と話しておったのですが、あの猿の親猿は去年の今日死んだのです。そうしてみると、あの猿は私たちの話を聞いていて、親猿の命日に和尚さまから回向《えこう》をしていただきにまいったのかもしれません。それにしても、どこから米を持ち出してきたのか。一旦、帰って詮議してみましょう」

そうして猿廻しが家に帰ってみると、いつのまにか猿はちゃんと戻ってきていて、妻も心底安堵している様子だった。

そこでもしやと米びつのなかを覗いてみると、二升ほど米がなくなっている。やはりこやつが勝手に持ち出したのかと思ったが、叱ることはせずに日を改めて猿と一緒に寺へ赴いた。

住職は猿の孝心の篤さに感じ入り、親猿のために懇《ねんご》ろに読経をしてやった。すると、猿は涙を流しながら喜び、袈裟の袖にすがって泣いて拝んだということである。

七曲りの祟り松　(長野市)

長野駅から戸隠《とがくし》方面に向けて車で十分ほど行った葛山《かつらやま》の峠道の途中に通称『七曲り《ななまがり》の一本松』と呼ばれる木が生えていた。

山道ではあるが、それなりに交通量の多い道路の真ん中にあるため通行の邪魔だとして、これまでにも伐採する話が何度も出たが、その度に崖崩れが起きたり、けがを負ってしまう者、事故に遭ったり、病気になったりする者が続出したため、結局伐らずに残されることになった。

また、この木を蹴った者は悪夢を見るようになり、いずれ精神に異常をきたしてしまうと噂された。

複数の人間が不気味に嗤《わら》っている夢やぼろぼろの鎧兜《よろいかぶと》を着た顔じゅう血まみれの男の夢、あるいは首を吊る男の夢など、内容は様々なのだという。

しかし、その松も二〇〇九年頃に松くい虫被害に遭い、これ以上放置していると危険だと判断され、伐採されてしまったそうである。

高さ一メートルに満たないほどの切り株だけが残されたが、当初は注連縄《しめなわ》を巻き、切断面のうえに札も立ててあったが、いつの頃からか、それもなくなってしまったという。近くの神社の御神木ともいわれているが、詳しいことはわかっていない。

また七曲りのある葛山は善光寺の北西に位置しているが、上杉謙信《うえすぎけんしん》方の城であった葛山城址が山頂に残っている。

その向かいの旭山《あさひやま》には武田軍方の旭山城があったため、向城として発展し、川中島合戦時には、ここが相手の動向を知る重要な前線拠点だったそうだ。

弘治三年（一五五七年）の冬、上杉軍が雪のため出陣できないのを見計らい、武田軍は葛山城を急襲した。

時の城主であった落合備中守治吉《おちあいびっちゅうのかみはるよし》は奮闘したが、武田軍は城に火をつけ、城兵の殆どはそこで戦死してしまった。このとき、小田切駿河守幸長《おたぎりするがのかみゆきなが》が援将として来ていたが、落合氏と籠城して一緒に戦ったものの、武田軍の将である馬場信房《ばばのぶふさ》たちの猛攻によって、落城とともに討ち死にしたそうである。

またその際、逃げきれなくなった多くの女たちは山頂近くの断崖絶壁から身を投げて死んだが、そこは後に姫谷と呼ばれ、今でも時折、女の絶叫やすすり泣く声が聞こえてくるといわれている。

「七曲りの一本松」は、ここから北へ少し行った、ごく近い場所にあるので、もしかしたら、そこで起きるといわれる怪異は、この山城での悲劇が関係しているのかもしれない。

半過岩鼻（上田市）

上田市と坂城《さかき》町のちょうど境界線の辺り、千曲川《ちくまがわ》を挟んだ左側の崖を半過岩鼻《はんがいわばな》、右側を下塩尻岩鼻《しもしおじり》と呼ぶが、これは元々陸続きだったものが、千曲川の浸食により現在のような崖が向き合う地形になったそうである。

県の天然記念物となっている名勝地だが、とりわけこの半過岩鼻の高さ百メートルの断崖絶壁は奇観で、川の浸食によって岩肌にできたふたつの巨大な穴が人間の鼻に見えることから、この名前が付いたらしい。

またこれほどの高さのため、古くから自殺の名所として知られ、これまで何人ものひとたちが崖から飛び降りて命を絶っているといわれている。

上田市に住むSさんという女性の話である。

十年ほど前、Sさんが半過岩鼻の近くを歩いているとき、見慣れたはずの崖の景色に強烈な違和感をおぼえた。

ひとが歩いているのだ。

岩が剥き出しになった断崖絶壁の側面を、まるで地面を歩くかのごとく、壁に対して垂直に立ちながら頂上に向かう人物がいる。男か女か、子どもか大人かさえも、よくわからなかった。

ロッククライミングの装備や命綱のようなものを付けているのでないのは、瞬間的に大きく右や左に移動する不規則な動き、またその歩く姿勢を見ても明らかだった。

いったいどうやって登っているのだろう——と、そう思っているうちに、そのひとは頂上までたどり着いたようだった。無事に登れたのかと胸を撫で下ろした瞬間、頂上からひとが落ちてきたので思わず、ひゃっ、と声が漏れた。

急いで崖下に駆け寄ると、見るも無残な男の墜死体が転がっていたので、慌てて警察に電話を掛けたそうである。

「そのひとは自殺だったそうですが、直前に見た、崖を垂直に登っていくひとはいったいなんだったんですかね」

今でもそのときのことが不思議でならないとSさんはいう。

この断崖絶壁の下には落石防止のために半過洞門という覆道が造られたが、自殺があると洞門の屋根部分に落下することが多いせいか、飛び降りて亡くなったひとたちの幽霊目撃談が後を絶たなかったそうである。また度重なる崩落事故のため、この洞門は平成七年（一九九五年）に廃道になってしまったとのこと。

半過岩鼻の山頂には千曲公園が整備されており、昼間は上田市内が一望できる風光明媚な場所だが、夜ともなると一気に不気味な雰囲気になるので、近くのひとも寄りつかないという。

また記憶に新しい令和二年（二〇二〇年）の六月に小学五年生の男児が、深夜の二時にこっそりと家を抜け出て、半過岩鼻の崖から転落死するという事故が起きた。

千曲公園に向かう途中の山道に男児の自転車が乗り捨てられていたそうだが、大人でさえも夜には近づきたくない場所に子どもひとりで向かい、崖の縁には高い鉄柵があったにもかかわらず、そのような亡くなり方をした真相は、今も謎に包まれたままだという。

座る女子生徒　（中野市）

一九七〇年代のことだという。

当時、中野市の某高校で教師をしていたNさんは、土曜日の日直の巡視のため管理棟から渡り廊下を通って教室のほうに向かっていた。

時刻は夕方五時を少し廻っていたそうである。

渡り廊下を歩いていると、教室の小窓から室内が一瞬斜めに覗ける箇所があり、偶々《たまたま》そこに眼を向けると、教室の最前列の席に女子生徒がひとり、姿勢を正して座っているのが見えた。

――こんな時間に生徒はいないはずだが。いったいどうしたのだろう。

その後ろ姿で女子生徒が誰なのかすぐにNさんはわかったので、こんな時間になにをしているのかと声を掛けてみることにした。

教室の前に行き、後ろのドアを引いてみたが、どんなに力を入れてもなぜか開かない。

おかしいなと思ったが、教室の扉は片方を閉め切っていることはままあるので、前のほうに行って開けてみようとしたが、こちらもびくともしない。

「おい、そこでなにをしてるんだ。いるんだろう、早く開けなさい」

女子生徒の名前を呼びながら戸を叩いてみたが、なんの返答もない。

なぜ答えないのかと不思議に思ったが、再び後ろのドアの前に立って、思いきり引いてみると、今度はなんの抵抗もなく開いた。

すぐに教室に入って女子生徒のいた席を見ると、どうしたわけか誰も座ってなどいないので、その瞬間、Nさんは背筋に冷水を浴びせられたようになった。

ドアも開け放したまま、慌てて職員室に駆け戻ったという。

後日、その女子生徒は交際していた男性と家出をしていたことがわかり、Nさんが教室で見かけたまさにその時刻に逃避先である北海道の阿寒湖で恋人と一緒に入水心中をはかったことが判明したそうである。

その高校も近年、学校の統廃合でなくなってしまったとのことだ。

井戸の女　（信州某所）

昭和五、六年頃のことだという。

ある女性歌手が大学のマンドリンクラブの部員たちとともに信州へ演奏旅行に訪れた際、山のうえにある広壮な旅館（詳しい場所は不明）に泊まった。

門と玄関の大きさが印象的な立派な建物で、女性は庭に面した縁側のある一階の閑静な部屋に通された。

その日の夜は招待酒で、皆いい気分になって宿へ戻ってきたが、飲酒もしているし夜も遅いので、入浴はせずにそのまま寝ることにした。

床に入る前に用をたしておこうと、鼻歌交じりで便所へ向かう。障子越しに漏れる電灯の明かりが薄ぼんやりと庭を照らしていた。

便所は飛び石づたいに歩いた庭の端にあるが、そのすぐ手前に袖垣があり、傍には古めかしいつるべ井戸があった。

女性がなにげなく袖垣のほうを見ると、美しい女がひとり、袖垣のうえからにょっきり顔を出して、寂しそうに嗤いかけてくる。女性は酔っていた気やすさから、「こんばんは」と挨拶をし、用をたして部屋へと戻った。

が、そこではっとした。

袖垣の高さは自分の背ほどはあったが、それよりもかなりうえの位置に女の顔があったのだ。それほど大きな女性には今まで会ったことがない。それに便所へ入るときにはいたのに、帰りにはもういなくなっていたのも不思議だった。

改めて思い返してみると、その髪の毛は湿り気を帯びていて、古びた縄のようなものが胸に垂れさがっていた。また妙に陰気な嗤いだったのが、脳裏にこびりついて離れなかった。とたん、ぞっと寒気が走り、全身に鳥肌が立った。

そうなると怖くなってしまって、頭から布団をかぶって震えていたが、どうにも眠ることができない。悪いと思いながらも隣室で寝ている学生たちを起こして、かくかくしかじかと、わけを話した。

「そんな馬鹿なことがあるわけないですよ」

そう学生たちはいったが、怖くて仕方がないので、

「いいから、とにかく賑やかにしてちょうだい」

女性はそう懇願して、皆で騒ぎまくった。

しかし、若い学生たちもやがてひとり眠り、ふたり眠り、いつしかみんな横になって雑魚寝で寝てしまった。

朝になって年輩の女中に昨夜の出来事を話してみたところ、一瞬、強張《こわば》った表情になって、

「あれをご覧になられたのですか。……実を申しますと、この家は元々女郎屋であったのを旅館に改装したのです。その遊郭だった時代に、あるひとりの女郎があの井戸に身投げをして死んだそうです。その女の命日が偶々《たまたま》昨日でございましたが、皆さまがお泊まりになっていたものですから、お経をあげることができなかったのです」

これまでにも多くの客が泊まったが、そのようなことをいってきた者はあなた以外にはいなかったと、女中は感慨深そうに語ったという。

白馬鑓温泉（北安曇郡）

北アルプスの峻峰、白馬鑓ヶ岳《しろうまやりがたけ》に湧き出る温泉は、山の中腹の海抜二千百メートル地点にあり、岩間から流れ出る熱湯は岩壁にかかって一大湯瀑となっている。

江戸時代の頃から猟師や樵《きこり》たちに愛された秘湯で、人里離れた山のうえの温泉のため、一般的には殆ど知られていなかったという。

ところが、そのことを伝え聞いた山麓の村人たちが新たな観光地として湯治場をつくろうと、この霊湯を湯元から麓まで引湯の工事をしようとした。

明治九年（一八七六年）の九月に、その関係者二十一名が連れ立って白馬鑓ヶ岳に登り、二子岩《ふたごいわ》に仮小屋を建てて宿とした。

すると、それから数日経った夜、突然、山が鳴動し、大音響とともに仮小屋の上方の大雪渓で雪崩が起きはじめた。

雪の塊《かたまり》は二子岩の仮小屋を軽々と流し、二十一名の村人たちを丸のみにしてしまった。場所が場所だけに、翌年夏の雪解けまで死体を引き揚げることができなかったそうである。

それ以来、麓のひとたちは、この湯に触れることを非常に恐れたそうで、犯す者には必ず祟りがあるといわれたという。

近年になって再び麓への引湯が試みられたが、やはり様々な要因で断念することになった。協議の末、ボーリングによって温泉を掘り当てることになり、それで生まれたのが白馬八方《はっぽう》温泉ということである。

戸隠バードライン　（長野市）

乗せた乗客がいつの間にか消えてしまう、いわゆるタクシー怪談は全国津々浦々に存在しているが、飯綱《いいづな》高原の有料道路「戸隠《とがくし》バードライン」にも似たような話があるという。

昭和五十年頃のこと。

一台のタクシーが長野市の北側に広がる飯綱高原の有料道路を走っていた。戸隠まで客を乗せての帰り道で、時刻は深夜の零時を廻っていたという。

雪が少なかったせいで快調に走っていたが、欝蒼とした大峰山《おおみねやま》に差し掛かったとき、道路脇に手を上げた白い人影が立っているのが見えたので、運転手は一瞬ぎょっとした。人家もなにもない場所で、しかもこんな時刻に客などいるはずがないと思いこんでいたからである。見ると、どうやら若い女のようだった。

近くに車を停めて、窓ガラスを開けて、

「いったい、どうしましたか。こんな場所でお困りだったでしょう」

そういうと、女は窓ガラスに青白い顔を近づけてくる。

「ええ、街まで連れていってください」

少し気味が悪かったが、こんな場所に若い女性をひとりでおいていくわけにもいかなかった。断る理由もないので、どうぞ、というと、まるですべりこむように女は車内に乗り込み、知らぬ間に後部座席に座っている。

「どちらまで行かれますか」

そう問うと、つばめ池のほうまで行ってください、と女はいった。

しばらく車を走らせていたが、ふと気になって、

「お客さん、あんな場所でいったいどうされたんです、しかもこんな時間に」

軽い会話のつもりで尋ねたが、なんの返答もないので、眠ってしまっているのだろうと運転手は思った。

坂を下り終え、善光寺裏のつばめ池の近くに差し掛かった。そろそろ起こさねばと、

「この辺りでいいですかね」

大きな声でそう訊くが、またしても返事がない。仕方なく車を停めて、

「お客さん、つばめ池に着きましたよ」

そういいながらバックミラーを見た瞬間、女の姿がないので俄《にわ》かに背筋に冷たいものが流れた。

いや、もしかしたら気分が悪いかなにかでうずくまっているのではと、腰を浮かして後部座席を覗きこんでみたが、やはり誰も乗ってなどいなかったので、運転手は恐怖のあまり、ドアを開けて外に飛び出したという。

翌日、会社でその話を同僚にすると、そんなわけないだろう、乗せたと思って実は誰も乗ってなどいなかったのだ、などと散々馬鹿にされたが、それから五日ほど経った頃、このとき笑っていた同僚がまったく同じ目に遭い、その運転手は数日の間寝込んでしまったということだった。

大峰山の林のなかに火葬場があるとのことで、焼かれた女の魂が家に帰りたいとタクシーに乗り込んだのではないかと推測する者もいたそうである。

また昭和六十年に刊行された平野威馬雄氏の『日本怪奇物語』に下記のような記述もあり、大変に興味深い。

「長野県の飯綱高原のバードライン――深夜一時過ぎ、人気《ひとけ》のないはずの有料道路脇で手を振って必死に車を止めようとする若い女がいる。そばに寄ってみると、先ほどまでいた女性はおろか誰もいない。気の弱いドライバーはこの時間を避けている。」

その後、戸隠バードラインは一九八五年に起きた地附山《ちづきやま》地すべり災害により一部区間が流失してしまったという。紆余曲折の末、不通区間の復活は断念し、地附山から大峰山に至る当該部分のみ廃道になってしまったそうである。

飛び降りマンション　（松本市）

友人の職場の同僚Tさんの体験談である。

十年ほど前、Tさんは松本市内の国道に面する高層マンションの五階に住んでいたという。

妻に室内での喫煙を禁じられていたため、ベランダに出て煙草を吸っていると、眼の前を黒いなにかが落ちていった。——と、次の瞬間、ドスンッ、という大きな音がし、すぐに下を見降ろすと、男か女かわからないが、地面のうえに横になっている者がいる。それが、どうしたらこんなふうになるのかというほど手も足もばらばらな方向に投げ出されているので、今、マンションからひとが落ちたのではないかと思った。

すると、すぐに階下でも気づいた者がいたらしく、ひとが集まってきて騒ぎ出した。

事故か飛び降り自殺かわからないが、やはり先ほど視界に入った黒いなにかはうえから落ちてきたひとだったのだと思い、俄かに怖気立った。

ほどなく救急車が来て運ばれていったが、翌日、落ちたのは高層階に住む女子高校生で、自殺をほのめかす遺書があったこと、また殆ど即死だったことが判明した。

マンションの住人のなかには女子高校生はひとりしかいないので、それが誰なのかすぐにTさんは見当がついた。しかし、以前マンションのエントランスですれ違ったときの印象では、とても自殺をするような感じには見えなかったので、心底意外に思ったという。

ところが。

それから数日経った晩、Tさんの夢に亡くなった少女が出てきて、

「ねえ、どうして、どうしてとめてくれなかったの」

そんな言葉を何度も繰り返すので、ひどい寝汗をかいて起き上がった。その魘《うな》されている声で妻も目覚めたというのだった。

少女の霊がそんな夢を見させているのか——あるいは、自殺現場を見てしまったことで、心になにか傷のようなものを負ってしまっているのだろうか。

いずれにしても、なぜそのような言葉を少女が口にするのか、自分の脳内で起きていることだが、まったく理解ができなかった。

そもそも目撃したのは飛び降りた後だったのだから、とめようなどなかったのだ。勝

手に飛び降りておいて、とめてくれなかったとは理不尽極まりない話だった。

連日のように同じ夢ばかり見るので、食事も喉を通らず、睡眠不足になって仕事も休みがちになった。

私の友人が心配して引っ越しをしたほうがいいのではないかとTさんの妻に助言し、ひと月後に違うマンションに移ることになった。

それでもしばらくは少女の夢を見たそうだが、それも次第になくなっていき、今では見ることはないという。

バケモン　（大町市）

現在の大町市《おおまちし》八坂切久保《やさかきりくぼ》に住んでいたある男が、山仕事から帰ってくると、背後からばたばたと足音が聞こえてくる。見ると、手拭いをかぶった若い女が後ろからついてきているようだった。

先に行かそうと思って立ち止まると、なぜか女も歩みを止める。なんだろうと再び歩き出すと女も歩く。どんなにゆっくり歩いても決して通り過ぎないので、どうしたのかと思って振り返ってみると、いつのまにかすぐ真後ろに立っていて、恐ろしい顔でニタニタと嗤っている。

愕いて転がるように家へ逃げ帰ったが、

「ありゃ、バケモンにちげえねえ。ああ、おっかなかったァ（怖かった）」

そういったきり、男は気を失ってしまった。それから日増しに躯が弱り、ついには死んでしまったという。

――と、これは古い言い伝えの話であるが、そうとばかりはいえない話を最近聞くことができた。

先述の場所からそう遠くないところに住む男性が、ある日、知人の家で呑んだ帰り道、ふと気づくと背後から何者かが近づいてくる足音がする。

なんだろうと思って振り返ってみると、夜目にも映える真っ白なワンピースを着た、見知らぬ若い女が立っていて、なんともいえないほどの薄気味の悪い笑みを浮かべている。

なんだか怖くなって逃げるようにして家に帰ったが、男性はいつまでもその晩の出来事を恐れていたそうである。

すると、それから何日も経たない頃、男性は急な心筋梗塞で亡くなってしまったという。

南原橋（飯田市）

五年前、主婦のN子さんは当時小学生だった息子と一緒に天竜川《てんりゅうがわ》の舟下りを体験したという。

乗る前はたいしたことないだろうと軽く考えていたが、思った以上に舟が揺れるので、水しぶきが容赦なく躯に降りかかり、全身びしょ濡れになってしまった。隣に乗る息子は、そんなことなど気にならない様子で声を上げて喜んでいる。

幾度かそういう難所に差し掛かったが、比較的流れの緩やかなところに来たとき、ようやくひと心地がついて、周囲の風景を眺めることができた。

鵞流峡《がりゅうきょう》と呼ばれる断崖絶壁の深い谷地の底を舟は進んでいるが、ふと見上げると、かなり高い位置に近代的な大きな橋が架かっている。

なにか気になって、あれはなんという橋ですか、と船頭に尋ねてみると、南原橋《みなばらはし》です、と答えた。

するとそのとき、橋の真ん中辺りに豆粒ほどの大きさでひとが立っているのが見えた。

橋のうえからこの舟を見物でもしているのかしらと思い、

「あそこの橋にひとがいるから、手を振ってみれば？」

指を差しながら息子にそういうと、手庇をして見ているようだが、どこにいるのかわからないという。

近づくにつれて、はっきりと見えてきたので、

「ほら、あそこに立っているじゃない。そっか、照れ臭いのね。子どもって、そういうことをするのが好きなはずなんだけど」

いまだ不思議そうにしている息子に、そういったときだった。

男性らしき人物が橋の欄干に身を乗り出している。あれは身投げをしようとしているのではないか。あの高さから飛び降りたら間違いなく命はないだろう。

――早く船頭さんに伝えないと。

舟はちょうど橋の真下に差し掛かろうとしていた。すると予期した通り、黒いシルエットはこちらのほうに目がけて真っ逆さまに落下してくる。思わず眼をつむり、固く身を屈めて息子の頭を押さえ込んだ。

ところが――なんの衝撃もない。

「ねえ、ママ。どうしたの？」

その言葉ではっとして、慌てて眼を開けたが、同乗者たちは橋から飛び降りた者のことなど誰も話題にしていない。

――えッ、どういうこと？

通り過ぎた橋のほうをすぐに見ると、先ほど落ちたはずの男が欄干にもたれるようにしてこちらを見降ろしている。

それればかりではなかった。男の近くには、他にも三、四人ほどひとが立っている。男女いるようだが、年頃まではよくわからない。ただ全員がN子さんたちの乗る舟をじっと眺めているようだった。

――と、そのとき。

橋のうえの者たちは一様に欄干から身を乗り出し、まるで合図をしたかのように一斉に飛び降りてくる。思わず、あッ、と短い叫び声が漏れた。が、どうしたことか、着水する直前に全員の姿が空中でかき消えてしまった。

いったい、どうなっているのか。

舟の同乗者たちは誰もそのことに反応していない。とても見間違いとは思えなかったが、もしかしたら、自分だけが見た幻覚なのかもしれない。

結局、舟を降りる最後まで船頭にはそのことを伝えなかったそうだが、帰宅した後も、なぜ自分はあんなものを見てしまったのだろうと、気になって仕方がなかった。

それで件の橋について調べてみたところ、天竜川が氾濫してもまず流される心配のない高い位置に架けた橋であること、また現在の橋は十二代目のものとなるが、昔からこの橋では投身自殺をする者が多く、一時期は自殺の名所になっていたということだった。

不思議なのは、飛び降りた者たちの死体はなかなか浮かび上がらず、白骨化してからようやく見つかることだという。

松井須磨子　（長野市）

信州出身の傑人を挙げていく際、大正時代に活躍した女優の松井須磨子《まついすまこ》の名前は欠かせないだろう。

松井須磨子（本名・小林正子）は明治十九年（一八八六年）三月に埴科郡清野村（現在の長野市松代町清野）で生まれ、その地で育つも、女優になる夢を捨てられず、当時としては珍しい鼻を高くする美容整形手術（隆鼻術）を受けて、念願の夢を叶えたのだという。

二度の離婚や整形手術による後遺症に苦しめられながらも、日本初の歌う女優として発表した曲の大ヒット、新劇での演技によって国内外で高い評価を得るなどの活躍を果たしたが、三十四歳という若さで自死により亡くなっている。

不倫相手であった文芸評論家で劇作家の島村抱月《しまむらほうげつ》がスペイン風邪で亡くなった二ヶ月後に、芸術倶楽部の道具部屋で首を吊ったのだった。

非常に勝ち気でヒステリックなところのある性格だったといわれ、愛人の後を追ったことは間違いないが、発作的に死を決意したのか、あるいは前々から考えていたのか、詳しいことはわかっていない。

彼女の数奇な人生は、現代に生きる私たちからしてもなにかと考えさせられることが多い。彼女の死後、須磨子については色々な話が語られているが、以下の話もそういった後日談のようなものである。


ある男性が信州の旅館(場所ははっきりわかっていない)に泊まった際、夕餉《ゆうげ》の席で酒を呑んだのが効いてぐっすり眠ってしまった。

夜中になってふと目覚めたが、のどが渇いて仕方がないので、水を飲もうと立ち上がると、柱に立てかけてあった鏡が一瞬ぴかりと光った。

なんだろうと思ったそのとき、そこから女の姿が現れたものだから、思わず、ああッ、と大きな声をあげて後ずさった。すると、鏡から出てきた女は男性に向けてにこりと微《ほほ》笑《え》んだので、冷水を浴びせられたようにぞっとして、その場に倒れこんでしまった。

すると、騒ぎを聞きつけた旅館の主人が部屋に駆けつけて、どうされましたかと問うと、男性は鏡から女の姿が現れたことをいった。

それを聞いた旅館の主人は吃驚して、その鏡の由来について語り始めた。

以前、女優の松井須磨子が愛人だった島村抱月とこの宿にひと月ばかり滞在したことがあり、そのときに旅館の主人が記念になにかくれないかと須磨子にねだったところ、

「では、これを置いていくわ」

といって残していったのが、この鏡だというのだった。

その後、須磨子は益々有名になっていくので、主人は鏡を大切にしまっていたが、時折取り出してきては、彼女たちの使っていたこの部屋の柱に立て掛けておいて、客に自慢していたというのである。

それを聞いた男性は、鏡から出てきた女はたしかに松井須磨子であったと合点がいったという。

また主人はこんなこともいったそうだ。

「あのひとが亡くなる前の日に鏡が突然曇ってしまいまして、どんなに拭いても綺麗にならない。今思うと、やはり前兆のようなものだったのですかね」

また場所は異なるが、須磨子の死に関してこのような話もある。

都内の新宿区神楽坂《かぐらざか》で、ある新聞社のカメラマンがなにかよい写真種はないものかと歩いていたところ、すっきりとした装いの女性が立っていて、そばの電柱の広告を虚ろな眼差しで見つめていた。

それが有名な松井須磨子だったため、カメラマンはすぐにカメラを構えて写真を撮った。それから須磨子のほうに歩いていって、「こんにちは、松井さん」と言葉を掛けたが、社に帰って現像をしているさなかに須磨子自殺の報が入った。

早速、その速報記事に撮ったばかりの写真を使うことになったが、それは須磨子が電柱に掲げられた仁丹《じんたん》の広告をぼんやりと眺めている画像で、そこには「明日をも知れない身の上」という広告文が書かれていたそうである。

「何卒々々はかだけを一緒にして頂けますよう、幾重にもお願い申し上げます。同じ処にうめて頂く事をくれぐれもお願い申し上げます。」

須磨子の遺書にはそう書かれていたが、当然のことながら、その願いが叶うことはなく、抱月は雑司ヶ谷《ぞうしがや》の霊園に、須磨子は長野市松代《まつしろ》の墓地にそれぞれ葬られたそうだ。

松井須磨子　（長野市）

　また、抱月と須磨子が亡くなった牛込《うしごめ》の芸術倶楽部は、後に須磨子の実兄によって小林アパートへと変わったが、当初は募集をかけるとすぐに埋まってしまうほどの人気物件だった。

　しかし、管理が悪かったせいか次第に陰気な建物になってしまい、そうなると住みたがる者もいなくなって、貧乏な画学生ばかりが好んで借りていたという。

　天井に抱月の似顔絵と須磨子の幽霊の絵を面白がって描いていたそうだが、その建物も戦争で焼失してしまったとのことである。

出土したもの（長野市）

いつ頃のことかはっきりしないが、おそらく昭和二十年代から三十年代にかけてのことだという。

当時、主婦のK子さんの祖母は長野市の八幡原《はちまんばら》――川中島《かわなかじま》古戦場の近くに住んでいたそうである。

ある日、近所に住む独り寡《やもめ》の五十代ほどの男性が、家庭菜園のため庭地を開墾していたところ、茶色くなった鉄の鏃《やじり》やぼろぼろに錆びた刀、それに鍔《つば》のようなものが出てきたと近所中に吹聴して廻った。

考古学に興味のあるひとたちは是非見せてほしいといって、その男性の家まで見に行ったようだった。

それから何日か経った頃、今度は甲冑《かっちゅう》の一部のようなものや人骨らしきものが複数出てきたというので、前回見物に訪れた者たちも、どこかしかるべき場所に報せたほうがいいのではないか、と助言した。

しかし、拾い主はそんな言葉は意に介さず、自宅の小さな床の間に一点一点押し並べて悦に入っているようだった。

すると、ほどなく男性の様子がおかしくなった。

家の周りをふらふらと歩いているので、近所の者が話し掛けるが返事もしない。知人が家を訪ねると、明らかに生活音が聞こえるのに居留守を使う。新聞や郵便物も玄関先に溜まり放題でひどい有様だった。

急に周囲とのコミュニケーションを途絶してしまったかのように見えた。が、それに反するように開墾する範囲はどんどん広くなっているようで、今や庭の殆どが掘り返されていた。深さもたったひとりで掘ったとは思えないほどだったそうだ。

そのせいか、

「最近は呼ばれもしねえが、あれからも色々変わったものが出てきたのだろう」

と、周囲の者たちは口々にそう噂した。

ところが、そんなある日、男性が自宅で首を吊って死んでいるのを訪ねてきた親戚の者が発見した。

床の間のうえの両側の板にわざわざ太い横木を渡らせて、そこに紐を引っ掛けて縊れていたというのだった。足元には庭から出てきたものが、土が付いたままの状態で乱雑にいくつも置かれていたそうである。

その後、出土品はどこかへ寄贈したのか、あるいは処分してしまったのか、そういったことは一切わからないという。

分杭峠　（伊那市）

埼玉県に住むMさんは、一時期体調不良に見舞われて、いくつかの病院に通ったが、これといった理由がわからなかった。

友人にそのことを相談すると、信州にある分杭峠《ぶんぐい》というところに行ってみなよ、といわれた。友人の話によると、長野県伊那市にある分杭峠は日本最大にして最長の断層である中央構造線の真上に位置し、ふたつの巨大な地層がぶつかり合っているため、エネルギーが凝縮する「ゼロ磁場」なのだという。

二十五年ほど前に、この場所を訪れた中国の高名な気功師が「良好な気が出ている」と指摘し、そのことが近年、雑誌やテレビで紹介されたことで観光客が増えているとのことだった。

Mさんはオカルトめいたことや疑似《エセ》科学のようなものは一切信じていなかったが、藁《わら》にもすがりたい気持ちだった。

それである日、重い腰を上げて分杭峠を訪れてみると、小雨日和だというのに朝から多くの観光客が雨合羽を着て集まってきている。

「気場」と呼ばれる山の斜面は座れるようになっていて、そこで眼を閉じて瞑想する者、平地の地面にレジャーシートを敷き、寝そべりながら気の流れを感じようとする者など、たくさんのスピリチュアルなひとたちを見て、Mさんは吃驚した。おそらく彼らも健康や人間関係など、なにかしらの問題を抱えてここに来ているのだろうと感じた。

小一時間ほどMさんは他のひとの真似をして眼をつむったりしていたが、次第に具合が悪くなってきた。ひどく肩がこり、頭痛がしてきたのである。

もうここにはいられないと立ち上がって、早々に帰宅の途に就いたそうだ。

その後、行く前よりも体調が悪くなり、数日間は寝たきりになってしまった。しかし、それが明けると今までの不調が嘘だったように全快したという。

やはり行ったことは意味があったのかと、改めて分杭峠について調べてみたところ、快晴のときは良い気が溢れているが、天気の悪い日は気が乱れていて、Mさんのように具合の悪くなってしまうひとがいるとのことだった。

また分杭峠に行ったときに携帯電話で何枚か写真を撮っていたが、それを初めて開いてみると、風景しか撮影していないはずなのに撮った覚えのない人物が写っている。

それは二十代から三十代前半ほどに見える細身の女性で、薄手のブラウスにスカートというあの場にそぐわない軽装のため強烈な違和感があった。

あの日は雨だったのだから、全員レインコートや雨合羽を身に着けていたはずで、写真のなかの女性は傘も持たずに、こちらのほうを向いてぼうっと突っ立っている。

不思議なのは、洋服にはピントが合っているのに、顔のところだけがぼやけたようになっていて、面立ちがよくわからないことだった。見ているうちになんだか気持ちが悪くなってきたので消去してしまったそうである。

そのことを先の友人に話してみたところ、

「あそこはパワースポットというだけじゃなく、心霊スポットとしても有名なんだ。お前が撮ったのは、おそらく生きたひとではないだろう。あそこではそういう写真を撮ってしまうひとが結構いるらしいよ」

笑いながらそういったという。

レンズの女 （長野市）

数年前、都内の会社員のUさんが出張で長野市内のビジネスホテルに宿泊したときのことだという。

夜中に不意に目覚めると、なぜだかドアの外が気になった。ベッドサイドの時計を見ると、深夜の一時半を差している。別にノックされたわけではないが、外に誰かがいる気がしてならない。

恐る恐る戸に近づき、ドアスコープに眼を当ててみると、柄の入った服を着た、胸元が露わな女性が立っていた。魚眼レンズのせいか、目鼻立ちや年齢のほどはよくわからないが、その格好からしてデリヘル嬢に違いないと思った。

しかし、そんなものを呼んだ覚えはない。

それにノックや呼び鈴も鳴らさずに、部屋の前に立っているのも妙な話だった。他の宿泊客やホテルの従業員に見られたら、なんとも気まずいではないか。

早く帰ってもらおうとドアを開けると――なぜか誰も立っていない。

廊下に出て左右を見廻してみたが、人の姿はなく辺りはしんと静まり返っている。

気のせいだったかと部屋に戻ってはみたものの、どうしても外が気になって仕方がない。

再びドアスコープに眼を当ててみると、いる。

やはり、いる。さっきの女が立っている。

悟られぬよう静かに、しかし素早くドアを開けると――誰もいない。

いったい、どうなっているのか。

また部屋に入ってドアスコープを覗くと女の姿が見えるので、もうこれは堪らないとフロントに電話を掛けて部屋に来てもらった。

事情を説明すると、男性従業員は不審そうに眉根を寄せたが、ドアスコープに眼を近づけた瞬間、

「うわッ」

そう小さく叫んだかと思うと、床に尻もちをついてしまった。

「す、すぐに代わりの部屋をご用意しますので」

そういうと駆けるようにフロントに戻っていったが、しばらくして連絡があり、まっ

たく違う階の広い部屋に交換してくれたそうである。

「過去にそこでなにがあったかとか、そういうことはなにも調べていませんが、数日後に同僚がそのホテルに泊まったとき、ちょうど件の部屋のドアを取り換える作業をしていたそうなんです」

素人考えだと、ドアスコープだけ換えればよさそうに思いますけど、それではダメだったんですかね——。

そうUさんは語る。

祟る木　（信州各地）

上水内郡《かみみのちぐん》小川村に住む七十代の女性A子さんの話である。

A子さんが小学生だった頃、隣家の主人が急な病で亡くなった。

それからほどないある日、A子さんと同級生だったその家の長男が、体育の授業中に軽いけがを負った。すぐに治るものと思われたが、なぜか一向に良くならず、あれよあれよという間に悪化して、ついには死んでしまった。

すると心労が祟ったのか、時を経ずしてその家の妻も心筋梗塞で倒れ、大きな病院に運ばれたが、ほどなく息を引き取ったという。

春から冬に掛けての、わずか八ヶ月ほどの間にひとつの家から三人もの人死にが出たので、近所の者たちはあれこれと噂したが、A子さんの祖父は隣家の庭を眺めながら、

「あの家は窓木を伐っちまったようだから、ああなったのは仕方がねえ」

と、そんなことをいった。

窓木とはなにかとA子さんが尋ねると、木の幹が途中で分かれて、上のほうでまたひ

とつになり窓のようになっているのを窓木というが、それを伐ってしまうとその家では必ず良くないことが起きるのだといった。

祖父によれば、窓木は山の神が宿る木なのだという。

現在は大町市に併合されている旧美麻村《みあさ》千見《せんみ》の七通《ななとおり》という場所に「げんけい墓」という小高く土を盛った塚があるという。

そのうえに巨大な松の木が生えているそうだが、昔、旅の僧がこの場所で殺されたとも病死したとも伝えられており、死んだ僧を埋めたそのうえに松の苗木を植えたといわれている。

この松の木に鴉《からす》が一羽とまって鳴くぶんにはなにも問題はないが、二羽とまって鳴くと、村のなかで必ずよくないことが起きたそうだ。

またこの松の枝や付近の木を伐るだけで、それをした者になにかしらの祟りがあるといわれているという。

またこのような話もある。

大正の頃のこと。

下伊那郡下條《しもじょう》村阿知原《あちばら》というところに折山神社があり、そこに樹齢数百年といわれる巨木が生えていた。それを伐り出したところ、作業にあたっていた者たちが次々と事故に遭ったり病気になったりして、ついには関係していたひと全員が死んでしまった。

村の人々は皆その木のことを畏れ、近づいて触る者もなかった。伐り倒した後は放ったままだったので腐ってしまったという。

下水内《しもみのち》郡栄村の秋山郷《あきやまごう》には平家の落人《おちゅうど》伝説があるが、山は共有で使われており、常に山を同じ状態で保つため、一年の燃料として伐り倒すのは四本と決まっていた。それ以上の木を伐ることはなかったという。

ところが、戦後にダムが建設され、首都圏の者たちが入ってくると、そのなかの材木商のひとりが、村で御神木と同等に大切にしてきた栗の大木に眼をつけ、買付けを迫った。村人たちは当初反対したが、根負けしてついに売ってしまった。

すると、その木を材木商の男が東京に運んでから急に眼を病んで、失明寸前にまでなってしまった。

ありとあらゆる医者を頼ったが治らず、名医にかかっても駄目だった。神頼みとばかり、八卦見のところに駆け込むと、栗の木の祟りだといわれたという。

地蔵を作ってもらい、それを木のあったところに祀ったところ、謎の眼病は快癒したそうである。


同じ栄村には、別のこのような話もある。

ある家に子どもが九人いたが、病気や不慮の事故などで、短期間のうちにその全員が死んでしまった。さらに近くに住む分家の子どもたちも相次いで五人が死んだ。

子どもたちがそのようになる少し前に、本家の土地に生えていた大きな欅《けやき》の木を伐採したのだが、災いはその祟りに違いないと近所で噂されたそうである。


また少し趣が異なるが、こんな話も伝わっている。

昔、盗みを働いてお尋ね者となった、おたけという女が、飯田の町を逃れて清内路の山中に隠れていたが、ある日、とうとう見つかってしまった。

おたけは手を合わせて、

「どうかご慈悲により命ばかりはお助けを」

そう哀願したが、役人は容赦なく捕縛して飯田へ連れていき、火あぶりの刑に処した。

すると、それからまもなく飯田の町は大火に見舞われたので、人々はおたけの祟りだといって恐れた。

飯田焼けたはおたけの罰よ

おたけ祀らにゃまた焼ける

誰が作ったのかわからないが、そんな唄が流行ったという。

人々はおたけを処刑した場所へ祠《ほこら》を建てたが、その後、清内路村（現在の下伊那郡阿智村）の鎮守の杜へ遷すことになった。

それからしばらく経った頃、社の裏手に栗の木があったのを飯田の商人が買い取ったが、代金を払い、伐採する日取りまで決めて家に帰ってきたところ、自宅が火事で全焼してしまっていた。

それもおたけの祟りに違いないといわれ、栗の木に手を付けようとする者はいなくなったそうである。

寄宿舎　（上田市）

昭和の初め頃のこと。

上田城の近くに、ある宗教関係の幼稚園教諭のための寄宿舎があったという。二階建てで天井も高く、美しい立派な建物だったそうだ。

女学校を出たばかりのT子さんという女性が、幼稚園で保育助手をすることになり、この寄宿舎に住み始めたが、入って二日目の夜、消灯のベルが鳴るとすぐに、とん、とん、という妙な音を聞いた。

なんだろうと耳を澄ませてみると、音は部屋のすぐ前からしているようだった。と、そう思ったとき、急に胸のうえになにか大きな岩でも乗せられているかのようにずしりとした重みを感じて、慌てて枕元の電気スタンドに手を伸ばそうとした。しかし、なぜかまったく躯が動かない。それればかりでなく、眼を開けることもできなかった。

すると、一、二分ほど経った頃、ふっと躯が楽になったので、がばりと跳ね起きると部屋の灯りを点けてドアを調べてみたが、しっかりと施錠されており、ひとが入ってくることなどできないはずだった。

その翌日の夜のこと。

消灯してしばらく経った頃、とん、ととん、と昨晩と同じ音が聞こえ、俄かに躯が縛られたように身動きがとれなくなった。

どんなに力をこめて動こうとしてもびくともしない。すると、数分経った頃、またふっと楽になって躯が動くようになったが、なんだか怖くなって、その夜は一睡もできなかった。

これはなにか霊的な現象のようなものではないかと感じたT子さんは、翌朝すぐに大きな書店へ行き、霊に関する本を何冊か見つけて読んでみると、やはりこのところ聞こえてきた妙な音や躯が動かなくなるのは、どうやらそういった、この世ならざる者たちの訪れを意味することがわかった。

それを防ぐには部屋を明るくしておくといい、とあったので、その日の夜は部屋の窓に黒幕を張って灯りが漏れないように準備をし、消灯のベルが鳴っても電灯を消さないようにしておいた。

するとしばらく経った頃、とんとん、と今度は扉を本当にノックする音がしたので、愕いたT子さんは思わず声を上げたが、部屋の外から聞こえてきたのは園長先生の声で、光が漏れているから早く消しなさい、というのだった。

T子さんはすぐにドアを開けて、

「でも先生、この部屋にはおばけが出るんです。変な音が聞こえてきたかと思うと、躯が縛りつけられたように動かなくなってしまうんです」

そう強く主張したが、園長先生はそれを笑って聞きながら、

「まったくなにをいうのかと思ったら。あなた、それは病気ですよ。明日になったら病院に行きなさい」

そういったという。

その夜も眠ることができず、向かいの部屋のひとに事情を話して泊めさせてもらったが、翌日、荷物をまとめて部屋を出たそうだ。

その後、この部屋を使うことになった別のひとも同じ現象に悩まされ、すぐに出て行ってしまうので、ほどなくそこは「あかずの間」になってしまったとのこと。

しかしその寄宿舎も、昭和十三年の一月に原因不明の火災で全焼してしまったそうである。

釜トンネル　（松本市）

四十年ほど前の、雪の残る初春のことだという。

当時会社員だったUさんは登山仲間の四人でパーティーを組んで、前穂高《まえほだか》の北尾根を登ることになった。

タクシーで可能なところまで進み、そこからは徒歩で向かったが、登山口の上高地へ抜けるには悪名高き釜《かま》トンネル、通称「釜トン」を通らねばならなかった。

大正末期から昭和初期に掛けて掘られたこの隧道《ずいどう》は、内部が手掘りで高さも二メートルほどしかなく、幅は車一台がようやく通れる程度、勾配がきつくカーブも急で、またあちらこちらから湧水しているため、常にじめじめと湿っぽい。冬期には遭難遺体の一時保管場所だったといわれている。

車の乗り入れが可能な時期でも、その狭さのため片側交互通行なので、一旦赤信号で止まると十五分近く待たされるという登山家たちの間では有名なトンネルだった。

仲間四人で暗い坑内に入っていく。

照明がないのでヘッドランプの明かりだけが頼りだった。皆それまでおしゃべりに興じていたが、急に黙りこんで、ただひたすらに歩を進めていた。

中ほどまで来たときだった。自分たちのすぐ眼の前を、何者かが歩くような足音を聞いた。

トンネルとあって反響のせいかと思ったが、耳を澄ませてみても、やはり自分たち以外の誰かが歩いているとしか考えられない。それは彼らとは対照的にとても軽やかな足取りだったからである。

思わず立ち止まって、ヘッドランプの明かりで音のするほうを照らしてみた。

すると、黒い小さな鞄を背負った子どものような姿がライトの光芒に浮かび上がった。どう見ても小学生の男の子のランドセルだった。それははっきりと見えるのだが、頭や手足のシルエットはなぜかぼんやりとしかわからない。が、いくらなんでも、子どもがたったひとりで、こんな場所を歩いているはずがなかった。

他の者たちも一様に愕いた様子で、その場に立ち竦み、前を見つめて言葉を失っている。

「おい、そこのボクッ」

突然、仲間のうちのひとりが、そう大きな声で呼んだ。

そのとたん、子どもとおぼしきシルエットは、タッタッ、タッタと、トンネルの奥の暗がりに向かって走っていく。とっさにUさんはその後を追いかけたが、二十メートルも行かぬうちに姿を見失ってしまった。

全員が目撃したのだから見間違いではないはずだが、どうしたことか、また皆急に黙り込んでしまった。会話もないままカビ臭いトンネルをとぼとぼと歩いて抜けたそうだが、その先に民家は一軒も見当たらず、子どもに会うこともなかったという。

小岩嶽城址公園（安曇野市）

五年前の夏のことだという。

在野で山城を調査しているIさんは、安曇野市穂高有明の小岩嶽《こいわたけ》城址公園に行ったそうである。黒く塗られた厳めしい造りの模擬門をくぐったとたん、気温が三十度を超す猛暑日だというのに、腕に鳥肌が立つのを感じたそうだ。

それはこの山城で起きた悲劇を知っているからだろうと思ったが、そんなことはなにも知らずに一緒に来ていた妻が、なにかいいたげにIさんの顔をちらちらと見てくる。

どうしたのかと問うと、

「なぜだかわからないけど、急に躯が冷えるのよ。もしかしたら夏風邪でもひいちゃったのかしら」

そういってTシャツから出た腕をさすっている。

虎口《こぐち》や曲輪《くるわ》、土塁《どるい》や傾斜の石垣など、現在も残っている遺構を端からカメラで収めていく。

ふたりで歩きながら戦没者慰霊碑の前に来たとき、一瞬、妻がよろめいたかと思うと、その場に倒れこんでしまった。

慌てたIさんは大きな声で妻の名前を呼んでみたが、眉間《みけん》に皺を寄せて、なにか悪夢でも見ているかのような表情をしている。何度声を掛けても眼を開けないので、どうやら気を失っているようだった。なにか悪い病気かもしれないと、救急車を呼ぶために携帯電話を手に取ったとき、妻がぱちりと眼を開けた。

「ここで大勢のひとたちが亡くなっているわ。あなた、そのこと知っていたんでしょう？」

眼を閉じていたわずか一、二分の間に、妻は多くの断片的な恐ろしい映像を見たというのだった。夫が自分を呼ぶ声は聞こえていたが、それどころではなかったというのである。

泣き叫ぶ女や子どもたち、這いつくばりながら命乞いをする老人、無残に斬り殺された粗末な鎧《よろい》を着た男たち、鍬《くわ》や鋤《すき》を手にした農兵らしき者の死骸、泥や血に塗れた数え切れないほどの生首が地面に並んでいる様子――。

まさに今、眼の前で起きているかのように生々しい映像だったという。

それを聞くなり、Iさんは妻の躯を支えながら急いで公園から出たそうである。

天文《てんぶん》年間、武田晴信《はるのぶ》（のちの信玄）は信濃に侵攻を開始したが、天文二十一年（一五五二年）八月十二日に武田軍は三千人の兵によって、五百人ほどで守っていた小岩嶽城を攻めた。

そのときの城主、小岩盛親《もりちか》は三ヶ月もの籠城の末に自害し果て、十一月十四日に落城したといわれている。

記録には「打取ル頚《クビ》五百余人、足弱（女性や老人）取ル事数ヲ知ラズ」とあり、侍以外にも城内に逃げ込んだ民衆が多くいたようだが、皆殺しにされてしまったという。

池に浮かぶもの　(岡谷市)

夫の転勤にともない福岡県から長野県岡谷《おかや》市に引っ越しをしたC子さんは、自宅の周辺のことを知っておこうと、連日のように散歩に出掛けたという。

その日はあてもなく歩いているうちに赤い鳥居を見つけ、こんなところに神社があったのかと愕きながら、その下をくぐって奥のほうに行ってみた。

神社といっても小さな祠がある程度のごく小規模のものだったが、祠には花や賽銭が置かれていて、近隣住民に大切にされている場所なのだと感じた。

更に進んでいくと、緑色の水を湛えた、これもまた小さなため池が眼の前に現れた。なにげなく池の周囲を歩いていると、どこからともなく女の小声のようなものが聞こえてくる。声のするほうに視線を向けると、黒い女の髪の毛のようなものが、池の真ん中の辺りに放射状になって浮いているので、えッ、と思わず声が漏れた。

最初はなにか植物のようなものかと思ったという。しかし、どう見てもそういうものではない。

なんだか気味が悪いが、ウィッグのようなものかもしれない。風にでも飛ばされてしまったのだろうか。

――と、そう考えた刹那、それが、つーッ、と水面を滑るように岸にいるC子さんのほうに向かってくる。

あまりのことにその場で倒れそうになったが、このままでは危険だと感じて、よろめきながらもなんとか池から離れて、鳥居のほうに向かった。

なんとか無事に家へ辿りついたが、心臓の鼓動がなかなか鎮まらなかった。

夫が仕事から帰ってくるなり、池で起きた出来事を話してみると、それは気のせいだろう、と笑いながらいった。しかし、どうしても納得できないので、インターネットで件の神社について調べてみたところ、かつてあの池で悲惨な事件があったことを知った。

昭和三十一年(一九五六年)に女性のバラバラになった躯の一部が毎日のように池に浮かび、最終的にひとり分の躯の腐乱死体が見つかったというのだった。すぐに殺人事件として捜査されたが、犯人も被害者も判明せず、迷宮入りになったというのである。

また一九八〇年代には女性の着衣だけが複数、池のなかから見つかり、また殺人事件かと騒がれたが、結局、死体は出てこなかったとのことだった。

　自分の見たものがそれらの事件と関係しているのかはわからないが、もう二度とあの神社には足を運ぶ気がしない、とC子さんは語る。

点滴をする女（松本市）

五年前、F子さんは出産で入院している娘が無事に男の子を産んだというので、娘が入院している松本市内の総合病院に向かったという。

売店で買い物をし、入院病棟のエレベーター前で待つ。すると、二基並んだ、向かって右側のエレベーターのドアが開いた。

乗りこんで婦人科の階のボタンを押す。初孫とあって、早く見たくてたまらなかった。娘にも労《ねぎら》いの言葉を掛けてあげたい。気もそぞろに乗っていると、ふと背後にひとの気配を感じた。

エレベーターに乗ったとき、自分以外には誰もいなかったはずである。振り向くと、見るからに顔色の悪い女が、立っているのもやっとという感じで壁にもたれかかっている。その脇には点滴スタンドがあり、白いチューブが枯れ木のような腕に繋がっている。

女はだらりと垂れた脂《あぶら》っぽい髪の間からF子さんのほうを見ながら、照れているような、苦笑いのような微妙な笑みを浮かべた。と、思ったその瞬間、もたれかかっている壁に沈み込んでいくように消えてしまったので、F子さんは思わず言葉を失った。

婦人科の階に着くやいなや、飛び出すようにエレベーターを降りたが、今自分が見たものをとても信じることができなかった。その後、初孫と対面したが、先ほどの女の顔が頭のなかにちらついて仕方がなかった。

それからひと月ほど経った頃、娘と電話をしているときにふと思い出して、あの日の出来事を話してみると、どおりであのとき浮かない顔をしていたわけね、と娘はいって笑った。

娘いわく、その病院の右側のエレベーターでは度々そういったものを目撃するひとがいるということだった。しかしよく聞くのは、車椅子に乗った男のひとが壁にぶつかるようにして消えてしまうというもので、点滴をしている女など一度も耳にしたことがないといったそうである。

スープの家（松本市）

松本市内の某高校には奇妙な噂話が伝わっているという。

学校の近隣の住宅に幽霊が出るというのである。

話によると、昭和四十年代から五十年代に掛けて、ある会社の社長の愛人がひとりで住んでいたが、入浴中に急死して釜ゆでになり、スープ状に融けてしまったというのだった。

それ以来、住む者がなく長く空き家になっている――そんな話が、学生たちの間でまことしやかに語られてきたそうだ。

現在、その家に住人がいるかどうかは不明だが、場所などに関して詳しく書くことはできない。

昭和六十年頃に卒業した女性は、部活の合宿中、夜間に買い出しに出たら、その家の屋根のうえに青い燐《りん》が燃えながら飛んでいたのを見たという。また二十年ほど前に卒業したＯＢは、学園祭の準備で帰るのが遅くなってしまった際、その家の横を通ると、室内の照明はついていないのに、白い人影が部屋のなかをせわしなく動いているのを目撃したそうである。

また別の卒業生の女性は、放課後にその家の前を通ると、生け垣のなかに見たことのない女性が立っていて、

「まったく、あつくって、あつくって、死にそうよ。いやになっちゃうわねえ」

そんなふうに同意を求めるようなことをいってくるので困惑してしまった。

しんしんと雪が降り積もる極寒の日だったからである。

島田髷（佐久市）

関東大震災の直後のことだという。

ある著名な歌人の門下生の青年がふらりと旅に出たとき、越後から信州の野沢町《のざわまち》（現在の佐久《さく》市野沢）へ入ったが、そこは小諸《こもろ》から八キロほど離れた小さな製糸工場がたくさんある町だった。

青年はそこの工場の経営者である男性と歌の関係で知り合いだったため、その家に数日間お世話になることになった。

しかし、その青年はとても酒呑みで、毎晩酩酊するほど酔わないではいられなかった。主人は下戸で酒呑みを嫌っていたので、青年は夜になるとそっと繁華街に出て、酒を提供する店に顔を出すのだった。

その夜も例のごとく街へ出て、酔っ払って帰ってきたが、ふと便所に行きたくなった。が、そうするには主人の寝室の近くを通らねばならず、起こしてしまうと飲酒していることが露見してしまうので、一旦外へ出て、女工たちの使用している便所を使うことにした。

十一月中旬のことで月の明るい晩だったという。

便所には窓があり、そこから桑畑の木が見えていたが、ぼんやりと霧のかかったようになっているので、便所にしゃがみこみながら寂しいような、恐ろしいような、なんともいえない不安な気持ちに陥った。

もしかしたら後ろになにか立っているのではないかと思い、怖々背後を見るが、特に変わったことはない。

なんだ気のせいかと思った瞬間、頭をなにかが掠めた。しかし、暗くてなんだかよくわからない。

薄気味悪く感じたので、青年は袂に手を突っ込み、マッチを取り出して火を点けた。しかし、風のためにすぐ消えてしまう。急いで二本目のマッチを擦ったとき、便所の下のほうがぼうっと明るくなったが、刹那、そのなかに島田髷《しまだまげ》のようなものが見えたので、思わずぞっとした。

だが、はっきり見ないことには気がすまないので、恐る恐る三本目のマッチを擦ると、尻の真下の暗がりに、結いたてとおぼしき島田髷がたしかに見えたので、あまりに愕いて、転がるように外へ飛び出した。

その後、家のなかは大騒ぎになったが、主人をはじめ雇い人たちが提灯をさげながら便所に行ってみると、青年のいった通り、便器の穴のなかに結いたての島田髷が見えた。

それは工場で働く女工だったが、妊娠してしまったため世間体を恥じて、便所の天井に紐をかけて首を吊ったようだった。

しかし重みに耐えられなかったのか、紐が切れたために下へ落ちてしまい、気絶していたのだという。

図書館に現れる生徒　（松本市）

　昭和四十年代の終わり頃までは、教師が交替で学校に宿直することが決まりだったそうである。図書館が本校舎とは別の棟の場合は、図書館にも違う者が宿直する必要があったという。

　しかし、松本市内の伝統校であるF高校では、この図書館での宿直が公的に除外されていた。その理由というのが、深夜になると図書館に幽霊が出る、という信じられない事情だった。

　この高校に通うある生徒が、松本市郊外の山中で服毒したうえ、手首をかき切って自殺したことがあったという。

　それからしばらく経った頃だった。

　自殺した生徒の担任教師が図書館に宿直した晩、深夜になると、胸のうえに何者かが乗ってきて、どうにも身動きが取れなくなってしまった。かろうじて瞼《まぶた》は動きそうなので、必死の思いで眼を開けてみた。すると、死んだはずの生徒が凄まじい表情で、躯のうえに馬乗りになりながら睨んでいたという。

それ以降、図書館に生徒の幽霊が出るとの噂がたちまちのうちに広がったが、これを鼻で笑っていた屈強な用務員の男性が、件の教師と一緒に図書館に泊まってみたそうである。

すると夜も更けた頃、教師がひどく魘されているので慌てて駆け寄ってみると、噂通りに青白い顔の生徒が、教師の躯のうえに跨って押さえつけている姿を目撃したという。

それをきっかけに図書館での宿直は免除になったそうである。

弁当屋　（中野市）

Tさんが高校生だった七年ほど前、犬の散歩中にどうしたはずみか首輪が外れて犬が逃げ出してしまった。

慌てて追いかけたが、そうするほど向こうは躍起になって駆けていく。ついには姿を見失ってしまったが、どこかの子どもに咬みついていやしないかと、やきもきしながら探していたが、どこにも見当たらない。そうこうするうちに散歩コースからだいぶ離れた商店街のところまで来ていたが、ふと、その場で足が止まった。

見慣れぬ弁当屋ができていたからである。週に何度かこの商店街を通ることはあるが、いつのまにこんな店ができたのだろう。

乳白色の壁面は塵埃《ちりあくた》で煤《すす》けており、店自体とても年季が入っている様子で、どう見ても最近オープンした雰囲気は感じられない。なかを見ると、夫婦だろうか、中年とおぼしき男女が忙しそうに立ち働いている。店の窓ガラスに張られた、けっして上手いとはいえない弁当の絵を見た瞬間、Tさんは我が眼を疑った。

「海苔弁　八十円」「焼き魚弁当　百円」と大書されていたからである。見間違えかと思ったが、たしかにそう書いてあった。

こんなに安いのなら今度買ってみようと思ったが、今はそれどころではなかった。一刻も早く犬を見つけなければと、その場を後にして、細い路地や住宅の敷地を一軒一軒覗いてみたが、やはりどこにもいなかった。

肩を落として自宅に戻ると、犬はなにごともなかったかのように自分の犬小屋のなかでまるくなって眠っていた。それを見たとたん、張り詰めていた気持ちが一気に弛んで、その場にへなへなと座り込んでしまった。

翌日は終業式だったため、学校が早く終わった。

昼食をとっておらず腹がへっていたので、帰りがけに寄り道をして昨日の弁当屋で海苔弁でも買っていこうと考えた。

駅を降りてから商店街に向かって歩き、弁当屋があったところまで来たが、どうしたことか、昨日たしかにあったところに店がない。一般的な住宅の、玄関扉のあるごく普通の建物に変わっている。もしかしたら場所を間違えているのかと、商店街のすべての店舗を端から見ていったが、やはり弁当屋など一軒もなかった。

なにか狐につままれたような気持ちで自宅へと帰ったが、昨日の弁当屋はいったいなんだったのかと不思議でならなかった。

夕飯の席でその出来事を家族に話してみると、祖母がなにか考え込んでいるようだったが、しばらくして、

「あの商店街には、そういえば昔、お弁当屋さんがあったわねえ。でも、もう何十年も前のことよ。かれこれ四十年以上は経つんじゃないかしら。たしかご夫婦でやっていたようだけど、もちろんお店はとっくに辞めちゃって、その後はしばらく更地になっていたわね。あの当時で五十代くらいだったから、そうねえ、もうおふたりとも亡くなっていてもおかしくはないんじゃないかしら」

昔を懐かしむような表情で、そういったという。

駐車場　（松本市）

三年ほど前の冬のこと。

Yさんは年末の買い出しに松本市郊外のある商業施設に行ったが、建物の近くはどこもすでに車がいっぱいなので、仕方なく駐車場の一番隅に車を停めた。

買い物を終えて車に乗り込むと、なんだか車内が煙臭い。

そんな気がするというのではなく、明らかに煙のにおいがするので、なにか機械のトラブルではないかと怖くなった。

そうしている間にもにおいは強くなってきて、もはや耐えられないほどになり、激しくむせこんだ。もうこれは駄目だと車から降りたが、ボンネットや他の場所からも特に煙のようなものは出ていない。

先週納車されたばかりの新車だったので、こんなに早く壊れるとはどうなっているのかと腹立たしくなった。エンジンをかけて自分で移動させるのも怖いので、すぐにＪＡＦと車を買ったディーラーに電話を掛けて事情を説明した。

その後、ＪＡＦのレッカー車が来て車を移動してくれたが、その足でディーラーに向かい、クレームを入れた。担当の営業マンは謝ることはせず、とにかくこちらで一度預かって見てみないことには、とただそれだけを繰り返した。

埒が明かないので、その日は家に帰ったが、後日ディーラーの営業マンから電話が来て、詳しく調べてみたが、やはりどこにも異常は発見できなかったというのだった。Ｙさんのいう煙のにおいも整備士たちやセールスマン全員で確認したが、誰も感じなかったと付け加えた。

とても承服ができない。

では、あのときの煙のにおいはいったいなんだったのか。

申し訳ないがこれ以上なにもできることはない、というので、ひとつ貸しをつくるような形にして、Ｙさんは引き下がって様子を見ることにした。

それから数日経った頃、友人に車の異臭騒動とディーラーの対応について話してみたところ、なにか思案気な顔をしている。

どうしたのかと尋ねてみると、

「それってもしかしたら、あそこの駐車場の隅じゃないのか」

そう友人がいった。話を聞いてみると、まさしくその通りだったので、ああそうだよ、と答えると、

「おいおい、マジかよ。お前が車を停めたっていうまさにその場所で、数年前に練炭自殺があったんだよ。それで車も燃えちまったらしいぜ」

そういったという。

碓氷峠（北佐久郡）

考えてみれば、その日は最初からおかしなことが多かったと、会社員のAさんはいう。まず車に乗ったとき、行き先の群馬県内の住所をカーナビに入力したとたん、タッチパネルが反応しなくなった。しばらくしたら元に戻ったので出発したが、信号で停まる度に運転席の計器が妙なふうに明滅する。エンジン音もまるで自分の車ではないような音なので、なにか違和感をおぼえた。

もしかしたら故障しているのかもしれない。その日は遠出をするのだから、事前に点検をしておけばよかったと少し後悔しながらも、騙し騙し行けば、なんとか着くだろうと目的地に向けてそのまま車を走らせた。

国道十八号――いわゆる碓氷峠《うすい》に入ってから、車の調子は輪をかけて悪くなった。

夏の盛りとあって路面が滑るはずなどないのに、なぜか車体が揺れてハンドルをとられるような気がする。先週、タイヤの空気圧はガソリンスタンドで見てもらったばかりなので、急なパンクかなにかだろうかと路肩に停車しようとすると、なにごともなかったかのように正常に走り出す。

しかし、なんだか様子がおかしいので、着いた先で車の修理工場に立ち寄ろうとAさんは思った。ヘアピンカーブのような峠道を走っていると、ふと背後の座席に誰か乗っているような気配を感じた。

そんなはずはない。

車内は自分ひとりだけで、誰も乗せてなどいないのだ。ちらっとルームミラーで後方を見ても、ベージュ色のシートがあるだけで当然ひとなど乗っていない。

なんだよ気のせいか——と、そう思った瞬間、助手席の背もたれが勝手に倒れたので、思わず息を呑んだ。

それだけではない。

助手席のシートに置いたはずの鞄がいつのまにかなくなっている。見るかぎり後部座席にもないので、さすがにこれはまずいと車を停めて車内を隈なく探してみたが、どこにもなかった。鞄を持って家を出たのはたしかで、それからはどこにも立ち寄っていない。

このままだと免許不携帯になってしまう。これは困ったことになったと、車から降りて念のためトランクを開けてみると、放り投げたかのように鞄はそのなかに入っていた。

乗車するときに鞄は確実に助手席に置いたはずで、家を出る前からトランクは一度も開けてなどいなかった。

やはりなにかがおかしい。

まるで車内に自分以外の何者かが乗り込んでいるようではないか。いや、誰かいたとしても、走行中に助手席にあるものをトランクに入れることなど人間にできるはずがない。

そう思うと、猛暑にもかかわらず、むき出しになった腕にぞわっと鳥肌が立った。と、同時に、行ってはいけない――ふと、そんな考えが頭のなかに去来して離れなくなった。

――このまま進めば、もっと悪いことが起きてしまうのではないか。

そう強く感じたのだという。

急を要する用事でもなかったので、Aさんはそこで先方に電話を入れ、訪問をキャンセルし、Uターンして地元に戻ったそうだが、帰り道は行きの異変が嘘だったかのようになにごともなく帰宅したそうである。

「あのとき、もしそのまま行っていたら、途中で事故かなにかに巻き込まれていたのかな、と思ったんです。あの道路は走り屋たちの聖地みたいになっていて、これまでにもひやりとさせられたことが度々あったんですよね。車の異変を通じて何者かが教えてくれた——そんなふうにプラスに考えていますよ」

そういってAさんは笑う。

古くから碓氷峠は交通の難所として知られ、明治時代になって道路や鉄道の建設が始まったが、完成を急ぐあまり、五百名以上の殉職者が出たといわれている。また昭和二十五年（一九五〇年）には土砂崩れが発生し、五十名が亡くなっているそうだ。

またすぐ近くを走る碓氷バイパスは、碓氷と名が付くものの、実際には隣の入山《いりやま》峠を通る道なのだという。記憶に新しい平成二十八年（二〇一六年）一月には、スキー場に向かう多くの大学生たちを乗せた大型バスが、制限速度五十キロのところを百キロほどで走行し、ガードレールから転落して、乗員乗客合わせて四十一名中十五名が亡くなるという大惨事が起きている。

教師の顔　(松本市)

二十年ほど前、Ｆさんは松本市北部に位置する小学校に通っていたそうだが、低学年のひと頃、授業中に度々奇妙な体験をしたという。

担任の先生が黒板に字を書いているとき、廊下側の天井に近い窓に男のひとの顔が見え、それが隣の教室のほうからＦさんのクラスに向かってゆっくりと動いてくるのだが、それは先生の背丈よりもずっとうえの位置なので、こんなに背の高い大人が学校にいただろうかと思った。

その顔が尋常ではない。

歪んだような、歯を食いしばったような、なんともいえず苦しげな表情をしているのだ。それがこっちに来たかと思ったら、踵《きびす》を返して戻ることを何度も繰り返している。

なぜあんなふうにふらふらしているのかと思っていると、先生がＦさんの名前を呼んで、

「おい、どうしたんだい。なにか廊下が気になるのかな」

そういわれてしまったので、廊下にひとがいます、と答えると、

「君のところからでは、もしひとが通っても見えないはずだけどな」

と、そういった先生の顔を見たとたん、Fさんは思わず固まってしまった。

先生の顔が、今しがた廊下を歩いていた男の顔にとって代わっていたからである。

歪んだ、苦しそうな表情でFさんの名前を連呼している。その顔は死んだひとのように蒼白、いや正確にいうならば色がなかった。記憶をたどってみても、そこだけが切り取られたようにモノクロなのだという。なにが起きているのかわからず、しばし唖然としていたが、ふと我に返ると、いつもの先生の顔になり色も戻っていた。

一、二年生の頃、そんなことが十回ほどあったそうだが、妙なのは、皆似た顔付きではあったが、毎回別の人物だったことである。それに先生の顔が一瞬変わったことをクラスの友達に話してみても、誰もがなんのことかわからないという反応を返してきたことが不思議だった。

高学年になると自然にそのようなことはなくなり、卒業以降はすっかり忘れていたのだが、高校生のときに行われた同級会で女子の誰かが、

「ねえ、知ってた？　小学校の正門に面した道を歩いていると、頭が痛くなるひとがすごく多いらしいの。通っていた頃はそんなこと全然感じなかったけど、なぜか大人はそ

うなるひとが結構いるらしいよ。どうしてだろうと思っていたら、うちのお祖父《じい》ちゃんがこんなことをいったの」

――あそこの道は、幕末の頃まで刑場から運んだ晒し首を置いて、見せしめにする場所だったからのう。わしが子どもの頃から、やはりあそこを通ると具合が悪くなるといわれておったわ。

その言葉を聞いて、自分が低学年の頃に見たものは、もしかしたら、そういうもの、い、い、いのだったのでは、とFさんは思い、またそう考えると、色々と腑に落ちるのだった。

それからというもの、小学校の付近に行くことは一度もないそうである。

某公共放送長野支局　（長野市）

地域を問わず、放送局というのは心霊現象が起きやすいといわれている。電波は霊を引き寄せやすいなどともいわれているが、真偽のほどはわからない。たしかなことは、戦後、そういった広大な土地に建物を造るためには、墓地や刑場跡地を選ばざるをえなかったことである。

都内の新宿区河田町《かわだちょう》にあった某民放テレビ局の旧社屋は、かつて牢があり処刑が行われていた屋敷の跡地だったといわれている。また渋谷区にある某公共放送の本社の敷地は、終戦まで陸軍の軍事演習場であったことは有名な話だ。

その某公共放送の長野支局もその例に漏れず、昭和六年（一九三一年）に善光寺東側に位置する現在の長野市城山公園の場所に長野ラジオ局の局舎が建てられたが、そこは古い共同墓地を壊した土地だった。

かつてその放送局の職員だったBさんの話である。

その日、Bさんは宿直の当番だったため、ひとり宿直室で寝ていると、局内には自分以外、誰もいないはずなのに、ドアノブがぐるぐると廻る。

誰かが入ってくるのかと思ったが、いつまでもそうしないので、仕方なく立ち上がってドアを開けてみたが、誰も立ってなどいなかった。

それでもドアノブは五分以上も廻り続けていたので、Bさんは荷物を抱えて宿直室から出たという。

また違う職員の者が眠っているとき、妙な声が聞こえてきたので、放送室のほうに誰かいるのかと思い、見にいってみたが誰もいない。耳を澄ますと、なにやら読経のような声なので、一瞬にして怖気立ったそうである。

また昼夜問わず、機材室で幽霊とおぼしき人影を目撃する者、また誰もいない部屋の壁に黒い複数の人物の影が浮かんでいるなど、怪異なことが頻発したため、職員たちは皆気味悪がって、墓のうえに社屋を建てたからではないか、と噂したという。

後にラジオ局はテレビを放送する「放送会館」へと名称が変わったが、局舎が改築される昭和四十年頃までは、こういった心霊現象とおぼしき体験談が先輩から後輩へと語り継がれたそうである。

しかし、そんな長野支局も長野オリンピックを契機に長野市若里《わかさと》のビッグハット（オリンピック時のアイスホッケー会場）の近くに新築移転している。

火の玉　（千曲市）

昭和三十一年（一九五六年）のこと。

Tさんという女性の甥が埴科郡内の某町（現在の千曲市）の中学校で教員をしていたが、秋のある午後、この甥から電話が掛かってきて、今夜は花火大会があるから見に来ないかという。

Tさんの家からその町へはちょうどバスが出ていたので、たまにはそれもいいわね、と甥の誘いに乗ることにした。

夕方に到着すると、すでに多くの人出で押し合いへしあいしているうちにTさんはすっかり疲れてしまった。甥はその様子を見て、もう花火を見るのはやめて自分の働く学校で休んでいこうか、といった。

裏道を抜けて中学校の庭に来ると、ぽん、ぽん、と花火が上がる音と神社のお囃子《はやし》が時折聞こえてくるが、陽の落ちた薄闇のなかに校舎はひっそりと佇んでいる。

するど甥が、

「ほら、あそこの二階の真ん中辺りが、僕が担任をしている教室だよ」

指を差しながら、そういったとき。

オレンジ色と緑色を掛け合わせたような、火の玉としかいえないものが、どこからともなく現れ出たかと思うと、すーっと尾を引きながら、屋根のほうに向かって上がっていく。

しばらくすると再び降りてきて、今度は水平にゆらりゆらりと揺れていたが、ある教室の窓にぶつかるようにして消えてしまった。

あまりのことにTさんと甥は顔を見合わせたが、

「あそこは理科室だ。叔母さん、申し訳ないんだけど先に帰ってくれないか。ちょっと見てこないといけないから」

そういうと、宿直室のほうに向かって走っていってしまった。

すると、その日の夜遅くに甥から電話が掛かってきて、

「あの後すぐに宿直の先生と一緒に理科室に行ってみたんだ。でも、火の玉はもういなかったよ。そんな季節でもないのに、ふたりともやけに寒くなってしまって、ぶるぶると震えるほどだった」

懐中電灯を片手に教室のなかを見廻っていると、灯りの先――教壇の脇に生徒たちの夏休みの課題の作品が置いてあったが、それを見たとたん、思わずぎょっとして、息が止まりそうになった。

その一番うえには昆虫標本の作品が置かれていたが、それを作った生徒は夏休み中にすぐ近くの千曲川で溺れて亡くなってしまっていたのである。十日目ごとの夏休み登校日に、その作品を持ってきた生徒は得意げな様子で誰にも触らせようとはしなかった。

それがとてもよくできているので、

「ちょっとこれ、先生に貸しておいてくれないかな。この蝶なんてすごく綺麗だし、本当に素晴らしいよ。他の先生にも見てもらいたいしね。な、君もそのほうがいいだろう」

甥がそういうと、

「だって、父ちゃんと三日がかりで作ったんだもの。いやだよ」

そんなふうにいっていたが、まあいいじゃないか、と説き伏せて、ようやく置いていったのだが、その三日後に生徒は急死してしまったのである。

翌日、甥は昆虫標本を布で丁寧に包むと、生徒の自宅に持っていって仏前に供え、手を合わせて心から詫びたという。

それを見ていた生徒の母親は、

「あの子はお祭りごとが大好きでしてね。きっと花火を見に行ったついでに、自分の昆虫標本を見に学校へ立ち寄ったんじゃないでしょうか。ですから、先生、本当に気にならないでくださいな」

寂しそうに微笑みながら、そういったそうである。

残像　（松本市）

三年ほど前に仕事の都合で名古屋から松本市に移住したKさんの話である。越してきた年の瀬に行われた会社の忘年会のときのことだという。

会場となった居酒屋に少し早く着いてしまったKさんは、色々な店を覗いたりしながらあてもなく通りを歩いていた。

寒いので外套の襟《えり》を立たせ、ポケットに両手をつっこみながら歩を進めていたが、コンビニで時間を潰そうと思い立ち、そちらのほうに足を向けた瞬間、なにげなく脇に建つ雑居ビルのうえのほうに視線がいった。

すると、屋上に誰かひとが立っている。ビルといってもせいぜい三、四階ほどで、そう高くはない。年齢まではわからないが、どうやら女のひとのようである。屋上にあるはずのフェンスを乗り越えているらしく、すれすれのところに立って下を覗きこむようにしていた。

まさか、と思った。

飛び降りるつもりではないのか。それほど高くないとはいえ、もし落ちれば大けがはまぬがれないだろうし、強く死ぬ意志をもって頭から飛べば、確実に死んでしまうに違いない。

これは止めないとマズい、とKさんは思った。

急いでビルの屋上に向かおうとしたが、なぜか入り口が見当たない。一階に入っている店のひとからビルの入り方を教わり、ようやく見つけた狭い階段を一気に駆け上がって屋上に出てみた。

先ほど女のひとがいた辺りに向かったところ、すでにひとの姿がないので、ああ遅かったかッ、とフェンスから下を見るが、路上には誰も飛び降りた様子はなかった。

ここへ上ってくる前にどこかへ立ち去ってしまったのではないかとも思ったが、屋上のどこにも隠れるようなところはないし、階段でも誰にも会わなかったので、不思議でならなかった。

なんだかすっきりしない気持ちのまま忘年会に出たが、仲の良い同僚に数時間前に体験した奇妙な出来事について話してみた。

同僚はしばらく黙って聞いていたが、

「それってどこの場所？」

そう尋ねてくるので、詳しく告げてみると、酒に酔った顔が見る見るうちに血の気が引くように青くなって、

「その場所はあれだよ、この十年間で三人ほど女のひとの飛び降りがあったところじゃないか。建物としては決して高くないから、どうしてあんなところからっていわれているよ。他にも高いビルはいくらでもあるのに、って」

僕が見たのは、幽霊というか……あそこから飛び降りたひとの、なにか残像みたいなものだったんですかね――。

そうKさんは語る。

ガラス窓　（飯田市）

飯田市に住むK子さんが、亡くなった祖母から生前に聞かされた話だという。

K子さんの祖母――F代さんが二十歳の頃だったというので、今から七十数年前のこと。

ある日、F代さんは母親から使いを頼まれて市街地に向けて歩いていた。その途中、一軒の粗末な家の前を通り掛かったとたん、ぞくりと寒気がした。

なぜだかわからないが、気持ちが悪くて仕方がない。

そこは弟の親友の家だったが、どうしてそんなふうに感じるのか理由がわからない。が、数歩進んだところで、その訳がはっきりとした。

格子の嵌《はま》ったガラス窓に、その家の、おそらく主人とおぼしき中年の男の顔が映っていて、こちらのほうをじっと見つめているのだ。

だが、その顔がなんとも妙だった。家のなかから外のほうを眺めているのだが、顔のサイズが普通の人間の三倍とも五倍とも思われるほど大きいのである。それに窓に入っているのは、すりガラスなのだから、こんなふうにはっきりと見えるはずがないのだ。気味が悪かったが、急いでいたこともあって、そう深くは考えなかったという。だが、じっと見つめられているようで厭わしく感じ、走るようにして目的の場所に向かった。帰途は違う道を通って帰ったそうである。

その日の夜、弟に昼間の出来事を話すと、最初のうちは訝しげな顔でそれを聞いていたが、最後には笑いながら、

「そんなわけないさ。だって、あいつの親父さんは大腸カタルを患って入院しているんだもの。きっと姉さんの見間違いだよ」

と、そんなふうにいった。

「だとしたら、あなたの友達だったのかしら」

F代さんがそういうと、今日の昼間は一緒に川へ釣りに行っていたので、友人の家には母親か妹しかいなかったはずだという。

気のせいだったのかと、すっかりそのことは忘れていたが、五日ほど経った頃、入院していたという友人の父親の容態が急変し、亡くなったことを弟が告げてきた。その刹那、あの日、例の家の前でなったようにF代さんは烈しい悪寒に襲われて、なんともい

えない不穏なものを感じたのだという。

ところが、それだけでは終わらなかった。

二ヶ月ほど経った頃、再びF代さんは例の家の前を通りかかったが、なるべく見ないようにして通り過ぎてしまおうと思っていた。ところが、前のときと同じようにガラス窓から強い視線を感じる。

見ないようにしようと思うほど、眼がそちらのほうに向いてしまう。ちらりと窓のほうを見てしまった瞬間、きゃっ、と知らず声が漏れ出た。

その家の妻とおぼしき、やつれ果てた女の、またしても異様に大きな顔がすりガラスのうえに鮮やかに浮かんでいる。

あのときと同じように瞬きもせず、紙幣の肖像画のようにじっとF代さんのことを見つめているので、思わず怖くなって駆け出した。

弟が学校から帰ってくるなり、そのことを話してみると、俄かに蒼い顔になって、

「あいつのお袋さん、昨日亡くなってしまったそうだよ。親父さんのことで心労が祟ったのか、台所で首を吊っちまったって」

そうだとしたら、わたしが見たものは、いったいなんだったんだろうね——。

祖母はゆっくりと思い出すように、Ｋ子さんにそんなことを話したそうだ。

窓に映った顔を最後に見た日から、ちょうど半年経った昭和二十二年（一九四七年）四月に飯田市の中心部で火災が起きた。

城下町として発展したことで家々が密集しているのと、初期の消火活動に失敗したことで商店街など約六十万平米が焼けてしまう大惨事となったが、そのときに件の家も焼失したという。

N霊園（松本市）

松本市の丘陵地にあるN霊園は、昭和四十三年（一九六八年）に市内の開発地や松本駅前などの商業地にあった古い墓を集めて造成された大霊園で、丘の頂上の殆どすべてが墓地という広さのため、彼岸や盆時期には墓参者で大変に混み合うそうである。

郊外ということもあって、この霊園で肝試しをする若者が多いようだが、深夜になると、そんな季節でもないのに急に霧がたちこめてくる、あるいは、ヒトガタをした白い靄がいくつも墓石から浮かび上がってきて、ひやかしに来た者たちの後をどこまでも追いかけてくる——と、そのような怪異が報告されているそうだ。

私の知人Bさんの話である。

十年ほど前の夏の夜、友人のアパートでなにをするでもなくダべっていたが、誰かの提案で肝試しをすることになった。それでアパートから比較的近いN霊園に何人かで行ったという。

霊園は山のうえにあるので、Bさんが車を出すことになった。

時計を見ると、すでに深夜の一時半を廻っている。

正直なところ、Bさんはその手のことが苦手で、車から降りたくもなかったが、そんな弱音を吐いたものならいつまでも馬鹿にされかねないので、仕方なくみんなの後ろからついていった。

時間も時間だけに霊園にはひとの姿などない。音もなく、ひっそりと静まっている。聞こえてくるのは虫の鳴く声や葉ずれの音だけで、自分らのような良からぬ目的で来ている若者たちもいないようだった。

あてもなく霊園のなかを歩き始めたときだった。

仲間のひとりの背後に白いヒトガタの靄《もや》がどこからともなく現れて、それが見る間にいくつもくっついているので、皆吃驚して停めてあった車に向かって全力で走り、慌てふためきながらシートに滑りこんだ。

すぐに車を発進したが、その帰途、国道沿いのファミレスに寄って、あの靄はいったいなんだったのかと、怖がりながらもひとしきり話が盛り上がった。

運転手だったBさんは友人たちをひとりひとり家まで送り届け、自宅に着いて車を車庫に入れた。——と、そのときだった。

バックミラーを見たBさんは思わず声を失った。背後のシートに複数の白い靄が漂っていたからである。

鍵も掛けずにすぐに車から離れたが、その後ひと月ばかり乗る気にならなかったという。

御嶽山　（木曽郡）

御嶽山《おんたけさん》は木曽郡木曽町と王滝村《おうたき》および岐阜県下呂《げろ》市と高山市にまたがる、標高三〇六七メートルの複合成層火山である。

平成二十六年（二〇一四年）九月二十七日に起きた七年ぶりの噴火で、山頂付近にいた四十七名もの登山者が被害に遭って亡くなったことは記憶に新しい。

この山は古くから山岳信仰の霊山として知られ、最高点の剣ヶ峰《けんがみね》には御嶽神社の奥社があり、鎌倉時代には修験者の行場であったという。

またこの山は五つの火山湖（池）を有しているが、山頂の一ノ池、二ノ池と三ノ池の谷間からは突然霧が湧き、古来、不思議なことが多いそうである。また二ノ池と三ノ池の間には賽《さい》の河原と呼ばれる広大な平原があり、供養の地蔵や小石を積み上げたケルンが無数に点在している。

昭和五十四年（一九七九年）七月某日の早朝のこと、あるツアーの一行が御嶽神社を参拝した。それを終えると王滝頂上山荘に戻って食事になったが、ひとり分の朝食が余っているので、ひとりいなくなっていることが判明した。すぐに調べたところ、Uさんという男性であることがわかった。

その後四時間掛けて捜索したが見つからなかった。添乗員が下山してUさんの自宅に連絡をとったが、やはり戻っていないというので大騒ぎになった。

翌日から四日間、延べ百二十名の山に慣れた者たちが眼の届くところをすべて調べてみたが、まったく見つからなかった。

山頂から宿舎まではわずか一キロほどで難所もない。その宿にはUさんが買った孫への土産を入れたバッグが残っていたという。Uさんの家人の話では、どこへ行くのにも必ず連絡を入れるひとだったというのだった。

するとそれから四日後、今度は五十八歳になる男性がまた突然姿を消してしまった。三ノ池で御神水を汲んで頂上に向かっていたところ、そのまま姿が見えなくなったというのである。近くには隠れるようなところも危険なところも一切なかったそうで、これも日数を掛けて捜したが、やはり見つからなかったという。

昔から御嶽山には死霊が彷徨《さまよ》っているといわれ、誰かが神隠しに遭うなど不可思議な現象が起きるときには、賽の河原からうめき声のようなものが聞こえるといわれている。

またこの場所で火の玉のようなものが複数飛び交っているのを、多くの登山者が目撃しているそうだ。

登山家で文筆家でもある西丸震哉《にしまるしんや》氏は、以前この賽の河原にテントを張って泊まったことがあるそうだが、深夜になると無数の火の玉が飛ぶのを、実際にその眼で見たという。

しかしそれは、氏が幼い頃に近所で目撃した火の玉よりもだいぶ小さく、昔見たものは直径二十センチほどだったが、それは拳大ほどの大きさだった。色もずいぶん違っており、明るいオレンジではなく薄黄色であったそうだ。

それを西丸氏は捕虫網や飯盒《はんごう》を持って追いかけたが、捕まえたと思ったら、ことごとくすり抜けてしまう。更に、不思議なことに西丸氏の躯にぶつかると跳ね返っていたという。

おじろく、おばさ（下伊那郡）

予《あらかじ》め断っておくが、これは心霊や超常現象のような話ではない。

飯田市に近い下伊那郡某村のある一部集落において、昭和四十年頃まで実際に続いていた奇妙な風習なのだが、現代の人間がその内容を知ると慄然とせざるをえない。

近年、このしきたりは様々なメディアや書籍で取り上げられたことで俄かに注目を集め有名になったが、未知の方のために少し紹介しておきたい。

時は江戸時代の初め頃、十六世紀後半から十七世紀にかけてのことだという。

耕地面積の少ない山村では農家の零細化を防ぐために、ある家族制度を作る必要があった。それは「おじろく、おばさ」と呼ばれた。

その村のある地域では、家族の長兄だけが普通の社会生活を営むことができ、弟や妹がいる場合、彼らは他家に養子に入ったり嫁いだりしないかぎりは結婚することも許されず、世間との交際も固く禁じられた。また生涯に亘って戸主——長兄一家のために無報酬で働かなければならなかった。男は「おじろく」、女は「おばさ」と呼ばれたそうである。

家庭内での地位は戸主の妻子以下、甥などからも下男扱いされていたが、特に虐待を受けることはなく、むしろ労働力として重宝がられていたという。

戸籍簿には「厄介」と記載され、家庭内や集落においても疎外者で、ひと付き合いもなければ、村祭りなどに出ることもなかった。もちろん、おじろく同士の付き合いもなく、また恋愛をする者もおらず、殆どのひとたちはその生涯を童貞と処女で過ごしたといわれている（おじろくがおばさに夜這いをしに行ったという話もある）。

明治五年には村の人口二千人のうち、この疎外者は百九十人もいたそうだが、昭和三十五年には男ふたり、女ひとりだけになった。当然、現在ではこの人権を蔑《ないがし》ろにした悪しき制度はなくなっており、おじろくやおばさはひとりも存在していない。

昭和三十六年に精神科医の近藤廉治《こんどうれんじ》氏が調査したところによると、このおじろくとおばさたちは、子どもの頃はわりと普通に育ったようだが、成人した頃から次第に無愛想になっていき、挨拶や声を掛けても奥に隠れてしまったり、見向きもせずに仕事をしていたりという傾向があったとのことだ。

感情が鈍く、無口でひと嫌い、また無関心で自発性に乏しいが、いわゆる精神病質とは異なるのだという。彼らはひたむきで非常によく働くので、おじろくやおばさのいる家は富み栄えるともいわれたそうである。

おそらく幼い頃からの家庭での教育、地域に残る逃れられない因習として、ごく自然の裡に受け入れてきたのだろう。

いずれにしても、今の我々からしたら想像するだけでおぞましい風習であるのは間違いないが、案外当人たちは、そのような身の上でも平穏に暮らしていたのかもしれない。

倒れた大木　（上田市）

昭和十二年八月のこと。

小県《ちいさがた》郡塩尻村（現在の上田市中心部の北西）の村社である豊秋霧原野《とよあききりはらの》神社で、支那事変（日中戦争）皇軍将士の武運長久祈願祭が執り行われたという。

この社の祭神は八幡宮で、身代八幡と呼ばれ、地域の人々の信仰を篤く受けているそうである。

祈願の式典が終わると、どこからともなく一群の鳩が飛んできたので、参列者たちは、これは不思議なことだ、瑞祥《ずいしょう》だ、といって騒いだ。

鳩の飛ぶ空を眺めていると、突然、物凄まじい轟音が鳴り響いた。

すると、本殿の背後にあった松の大木が地上三メートルくらいのところから折れて、本殿と拝殿の間に倒れた。高さ三十メートル、胴廻りは二メートル以上あり、樹齢三〇〇年は優に超えるといわれる老木だった。

村人たちは吃驚して、すぐに現場を調べたが、木にはまったく空虚《うつろ》がなく、また風も吹いていなかった。地震があったということもない。

それに不可思議なのは、これだけの大木が倒れたのに、建物にはなんの被害もなく、けが人がひとりも出なかったことだった。

また木の先端が支那（中国）の方角を向いていたので、その場にいた者たちは八幡宮様が感応あらせられた証拠だといい、神社の総代が協議した結果、その木を加工して弾丸除けの御守を作ることになった。

それを村内の出征軍人に渡し、参詣者にも配って皇軍の安泰を願ったそうである。

野竹トンネル　（上田市）

介護職のAさんの話である。

五年ほど前のことだという。

当時Aさんはデイサービスセンターに勤めていたが、二週に一度ほどのペースである老人の送迎をしていたそうだ。

その際に小諸市から上田市街地へと向かう浅間《あさま》サンラインと呼ばれる広域農道を通るのだが、ある日、途中の野竹《のたけ》トンネルに差しかかったとき、バックシートに座っている老人が、

「おや、これは懐かしい曲だねえ。ああ、これはあのひとがよく口ずさんどったやつじゃないかな。いやあ、本当に懐かしい」

と、そんなことをいってくる。

しかし、車内はカーステレオもラジオも点けておらず無音だった。

「なんの音楽が聴こえるんですか」

そうAさんが尋ねてみると、老人は不思議そうな顔をして、

「なんの音楽って、あんたにも聴こえるだろう。ああ、タエコさん。ワシはあのひとが好きだったが、結局そんなことは一度もいえんまま、死んじまった」

そういいながら老人は突然目頭を押さえ始めた。泣いているようだった。

それからというもの、そのトンネルを通る度に老人は同じ話をして泣き始めるので、もう少しその話を訊いてみようと、

「タエコさんという女性のことが好きだったんですね。奥さんではない方ですか」

そう尋ねてみると、

「別も別。だって、結婚するずっと前のことだから。でもタエコさんと一緒になっていたらなんて、結婚した後もよく考えたもんだよ。もちろん、うちのにはそんなこといえなかったけどね。タエコさんは他に好きな男のひとがおったんだわ。でも親に結婚を反対されたかなんかで、その相手とは一緒になれなかったのよ。それで――」

首を吊ってしまったのだという。

タエコさんの実家はすぐこの近くで、野竹トンネルの真上にある墓に眠っているのだというのだった。

「それにしても、いつもここを通る度にこの曲が流れてくるのは、どうしてだろうねぇ」

しわくちゃのハンカチで瞼を押さえながら、老人はそういったという。

この野竹トンネルは開通当時に事故が頻発したといわれている。

幽霊目撃談も多く、老婆が歩いているのを見たというものや天井にひとの顔が浮かび出ていたというものが比較的よく聞かれるところだが、トンネルのうえに墓地があることで、そのような話がまことしやかに語られているとおぼしい。

またこのトンネルは奇妙なことに東西の坑口の形状が異なっているのだが、その理由として、最初に造られたときの形状だと霊が集まってきやすいため、後に片側だけ造り変えられたと噂されているそうである。

天狗談（信州各地）

明治の初め頃のことだという。

ある愚鈍な男が畑へ行ったきり行方がわからなくなってしまった。捜したところ、鉢伏山《はちぶせ》の横峰で死んでいたが、その姿を見ると、そこらじゅうを引き回された挙句に捨てられたものと見えた。この男は天狗《てんぐ》によって連れ去られたが、どうやら使いものにならなかったのだろうと人々は噂したそうだ。

さらに明治の終わり頃、寿《ことぶき》村（現在の松本市寿）に住む子どもが五十キロほども離れた鉄道線路で泣いていたことや、行方不明になった子どもの着物だけが一年後に高い木の枝に付け紐を結んだ状態で引っ掛かっていたことがあり、これらのことはすべて天狗の仕業だといわれたようだ。

また天狗は鯖《さば》が嫌いなため、連れ去られそうになったら、「鯖食った、鯖食った」といえば難を免れられる、といわれたそうである。

天狗は昔から山に暮らしていたという「山人」あるいは「山男」のようなものではな

いかともいわれている。彼らもまた非常に背丈が大きく、力も強かったそうだ。あるひとは山に登ったときにこの「山人」の死骸を見つけ、それがとてつもなく大きかったので吃驚して逃げ帰ったという。戸隠の隠者や白馬乗鞍岳中腹の天狗原などは、そういった人々との関係性が深かったといわれている。

別にこのような話も伝わっている。

昔、信濃の国に徳七という者がいた。

ある日のこと、徳七は馬を引いて戸隠山に行き、草を刈っていた。そのとき、ふたりの山伏が徳七の近くを通りがかった。そのうちのひとりは齢の頃十七、八歳ほどと思われたが、その容姿がこの世のものとは思われないほど美麗であった。

すると、その美しい山伏が、

「山中で道に迷ってしまったが、街道へ出るにはどの道を行けばよいかの」

と尋ねてきた。

「それだったら、この道を行けばいいですよ」

そういいながら徳七が指し示したところ、ふたりは教えられたほうに向かっていったが、ひとりが青茅《かりやす》のうえで滑って転んでしまった。その剥き出しになった足を見た瞬間、普通の人間のそれとは異なり、墨で塗ったように真黒だったので吃驚してしまった。

この者たちは人間ではないのでは――。

そう思うと急に怖くなって、慌てて刈りたての茅《かや》を馬に積んでその場を去ろうとしたところ、半里（約二キロ）ほど離れた、とても人間には登れそうもない崖のうえに立って、こちらを見降ろしている。徳七はますます愕いて、積んだ茅を打ち捨てて、馬に鞭打ち大急ぎで家に帰ったという。

その日以降、徳七は原因不明の病で寝たきりになったが、数日を経てようやく快癒し、その折に親しくしていた友人に、あのふたりは天狗に違いない、と語ったそうである。


またこんな話もある。

松本から野麦《のむぎ》街道を進み、飛騨方面へ向かう途中に上波多《かみはた》（現在の松本市波田《はた》）という地域があり、そこの渓流が流れる水沢山《みずさわやま》を一キロちょっと登ったところに慈眼山《じげんざん》若沢寺《にゃくたくじ》があった。

奈良時代に行基《ぎょうき》によって開かれ、平安時代には坂上田村麻呂《さかのうえのたむらまろ》の東征の途中に修復と造営が行われたといわれている寺院で、江戸時代には七堂伽藍を配置し、信濃日光と呼ばれるほどの名刹として賑わった。だが、明治初年の廃仏毀釈《はいぶつきしゃく》で取り壊されてしまい、現在ではわずかに石垣が残るだけで跡形もなくなってしまっている。

この寺のあった水沢山には三段滝があり、そこで水浴びをすると、どんなひとでも見目麗しくなるといって、寺のあった当時は参詣がてら滝の水を浴びに来るひとが後を絶たなかったそうだ。

文化六年（一八〇九年）十一月二十八日の夜のことだった。

水沢山の寺のある辺りから火の手があがり、その炎を見たひとたちは、これは大変だ寺が燃えている、と騒ぎになった。日頃から信仰している寺とあって、皆心配しながら山を登っていくと、どうしたことか、沢の水はすべて干上がり、一滴も流れていない。それに火の気などどこにもなく、寺はいつものように静かに佇んでいる。

これはいったいどうなっているのかと話し合っていると、寺から住職が出てきて不思議そうな顔をしている。人々が事情を話すと、しばらく黙って聞いていたが、

「さようでしたか。寺はこの通りなにごともなく無事ですから、どうかご安心ください」

それを聞いて、集まったひとたちは一様に胸を撫でおろしたが、

「これは水沢山にいると伝わる天狗の仕業に違いない、それにしてもひどい目にあった」

口々にそんなふうに話しながら下山したという。

また水沢山の麓に赤松という地区があり、山から流れる水で水車を回していた。

ある晩、それまでなんの問題もなく動いていた水車が突然止まってしまったので、管理している者が故障してしまったのかと提灯《ちょうちん》を水路にかざしてみると、水が完全に涸れてしまっている。何日か前に雨も降っているのだから、そんなはずはなかった。

どうしようもないので家に帰ると、ギイギイ、ゴットン、と水車の回る音が聞こえてきたので、慌てて水車小屋に行ってみると、水路には水が満々と流れていて、水車もいつものように規則的に回っている。

後日この出来事を聞いたひとたちは、また天狗が悪さをして困ったものだな、といったそうである。

塩尻峠　（塩尻市及び岡谷市）

塩尻市と岡谷市をつなぐ塩尻峠は地元では塩嶺《えんれい》峠とも呼ばれているが、古くから不思議な話が絶えない。

天文年間（一五三二〜一五五五）に信濃侵略をめざす武田勢と信濃の武将たちは幾度となく激しい合戦を繰り広げたが、とりわけ天文十七年七月十九日の武田信玄と松本の武将、小笠原長時《おがさわらながとき》の塩尻峠での戦いは熾烈を極め、峠下の永井坂には血が川のように流れたと伝わっている。

両軍の死闘は長く続いたが、小笠原のなかに武田軍に寝返った者がいて、これに勝利した信玄は信濃制覇の礎を築いたといわれているようだ。

近くの柿沢地区には、敗れた小笠原勢一千余の亡骸を葬った首塚と胴塚が祀られているが、今その付近は秋になると可愛らしいコスモスの花が咲き乱れ、かつて激戦があったとはとても思えない長閑な場所である。

過去にそういった歴史があったことが関係しているのかはわからないが、この峠での幽霊目撃談は枚挙に暇がない。しかし、それらは戦国武将の死霊ではなく、どちらかというと現代的な心霊現象が多いのが興味深い。

もっとも有名なものは、結核病棟の廃墟といわれた某施設で、ここを訪れると帰りに事故に遭うなどという話がまことしやかに噂された。そんなこともあり、近隣の若者たちの度胸試しの場所として有名で、ひと昔前までは、知らぬ者はいないほどだった。

実際に私の小学生時代の同級生だったA君は、高校を卒業してすぐの頃、友人数人とひやかしにこの廃墟に行き、皆怖がってなかに踏み出せないのをまったく動じない様子で最上階まで上がっていったそうだ。

ところが、それからちょうど一週間後、そのA君は交通事故に遭って亡くなってしまった。

車を走行中、トンネルの壁に単独で激突したというのだが、スリップの痕跡もなく壁に対して直角にぶつかっていたというので、いったいどうしたらそんなふうになるのかと、当時つるんでいた友人たちは首を捻るばかりだったという。

その後、成人式の日に私は数人の友人たちと線香をあげるためにA君の実家を訪れた。

A君の母親は、ちょっと待ってね、といって一旦奥に引っ込んだかと思うと、一冊のスケッチブックを手にして仏間に戻ってきた。

「あの子の部屋にあったのよ、これ」

そういってスケッチブックを開いたとたん、私たちは愕きのあまり言葉を失った。

「おれはふっかつする　おれはふっかつする　おれはふっかつする　おれはふっかつする　おれはふっかつする　おれはふっかつする　おれはふっかつする……」

スケッチブックの紙幅いっぱいに、そのような言葉がまるで呪文のように書かれていたからである。

母親によると、A君はある難病に侵されていたのだという。それを気に病んでいた様子だったので、おそらくあれは事故死ではなく自殺だったのだろうといった。

A君が廃墟にひとりで上っていったのは、おそらく自暴自棄になっていたゆえの、やぶれかぶれの行動ではなかったかと私は思った。そうなると、A君の死は祟りのようなものではないとも考えられるが、それも今となってはたしかめようがない。

ちなみに現在、その廃墟は取り壊されており、ある企業の工場となっている。

また心霊とは少し異なるが、こんな話もあるようだ。

昭和十三年秋のこと。

諏訪《すわ》市の小学生が塩尻峠へ遠足に出掛けたが、その帰り道に三年生の生徒が突然ひとりいなくなってしまった。

すぐに騒ぎになり、村のひとたちや消防団、警察などが声を嗄らしながら八方捜したが、どこにもいない。

すると、夜の八時になって学校から至急便が届き、子どもが見つかったというのだが、伊那の本通りの遊技場の前にぽかんとした顔で座りこんでいたというのだった。

塩尻から伊那までは四、五十キロはあり、子どもの足で四時間ばかりで行けるとは、とても思えない。

担任教師が迎えに行っても、その生徒はなにもしゃべらなかったが、しつこく聞きただしてようやく話したことが、下に灯りがちらちら見えたとか風がぴゅーぴゅーと吹いていたと、そんなことをいうだけだった。

それを聞いたひとたちは、きっと神隠しに遭ったか天狗に連れ去られたに違いないと噂したそうである。

新人の猟師　（北信地方）

北信地方でレストランを営むBさんの話である。

Bさんの店では、今のようにジビエ料理が一般的になるかなり以前から野生の鳥獣肉を提供しているそうだが、十五年ほど前に出入りの食材業者の男性からこんな話を聞いたという。

首都圏から移住したひとりの若者が猟師になりたいといって狩猟免許を取得したが、初めて手にするという散弾銃の腕前はベテラン猟師たちも舌を巻くほどだった。

小さい頃に玩具のライフルでよく遊んでいたんですよ、と若者は笑いながらいったそうだが、そんなことで撃てるようなものではないので、よほどマタギとしてのセンスがあるのだろうと周囲の者たちは思ったそうである。

若者は期待の新人として扱われていたが、なぜか突然、猟師を辞めてしまった。皆不思議がって理由を尋ねてみたが、暗い顔をしているだけでなんだか要領を得ない。だが、嫌がるのを強引に飲み会へ誘ったとき、酒に酔った若者は自らこのように話したそうだ。

一ヶ月ほど前のことだった。

猪を探していたところ、大きな鹿を見つけたので、その後を追ってケモノ道を下りていった。鹿は立ち止まり、耳を小刻みに動かしながら首を傾げている。周囲の様子を窺《うかが》っているようだった。若者はスラッグ弾と呼ばれる大きな一発弾を銃に装填すると、鹿に狙いを定めて、放った。

一発で仕留めたようで、獲物はその場に崩れ落ちていく。ゆっくりとした足取りで若者は鹿のほうに近づいていった。するとそのとき、鹿が首をもたげて喘ぐような表情をした。それがまるで人間のようだったので、一瞬ぎょっとした。瞼をこすったが、眼の前に倒れているのは、やはり間違いなく鹿である。

雄なのだろう。それにしても大きな躯で、普通の鹿の一・五倍はありそうだった。

鹿の正面に回り込むように歩を進めると、その刹那、ピヒイッ、と断末魔の大きな叫び声を上げたので若者は思わず後ずさった。

——と、そのとき、鹿は凄まじい表情になって、

「我を喰うか。喰ったら祟るぞ」

はっきりと、眼を見つめながらそういった。

あまりのことに慄《おのの》き、逃げるようにしてその場を離れたそうだが、その日の夜は一睡もできなかった。

おそらく鹿はあのまま息絶えてしまっただろう。だとしたら、早晩、他の野生動物に食い荒らされてしまうに違いない。

それもなんだか忍びないので、翌朝再び訪れてみると、鹿は昨日と同じ場所に横たわりながら冷たくなっていた。

つるはしとスコップを持ってきて大きな穴を掘り、二日がかりでなんとか屍を埋めたそうだが、それからというもの、猟をする気がまったく起きなくなってしまったのだと、若者は陰鬱な表情でそう告白したそうである。

萬歳塚（松本市）

八年ほど前のことだという。

東京から松本市に移住したAさんは、今井の運動公園まで散歩に出かけ、その帰り道に畑道を歩いていると、向こうのほうから妙な格好をした男がやってくる。

次第に近づくにつれて、その男が軍服――それも旧日本軍の兵士のようないでたちをしているのがわかって、この長閑な場所との取り合わせの可笑しさに、思わず立ち止まってしまった。

すると、男は傍の大きな石碑に吸い寄せられるように移動したかと思うと、そのすぐ脇に立ち、右手を斜めに頭のところへ上げて敬礼のようなポーズをとった。とたん、男は霞のようにその場から消えてしまった。

昼日中の出来事とあって、とても見間違いとは思えない。石碑の前まで走って行ってみたが、やはり男はどこにもいなかった。見晴らしの良い耕地のため隠れるような場所もないので、いったいどこへ行ってしまったのだろうと不思議で仕方がなかった。

そのとき石碑に眼がいったが、漢字で「萬歳塚」と彫られており、なにかの塚であるのはわかったが、なんと読むのか、そのときは見当がつかなかった。

自宅に帰ってからもさきほどの出来事が頭から離れないので、石碑について調べてみたところ、戦時中、今井村（現在の松本市今井）から出征兵士があると、石碑の場所まで送ってきて、村中から集まったひとたちが「ばんざい」で見送ったとのことだった。石碑にあった「萬」の字は単に「万」の旧字体であり、「ばんざいづか」と読むのがわかったそうだ。

あの日、Aさんが目撃したのは、万歳三唱のなか、直立不動で別れの敬礼をする若き兵士の姿を、幽霊だったのか、あるいは自分が時空を超えてしまったのかわからないが、そういったものを垣間見てしまったのではないかと、今ではそんなふうに考えているという。

橋を渡る家族（北佐久郡）

軽井沢大橋に関しては、以前、他の本で紹介しているので今回は割愛しようと思っていたが、長野県最恐といわれる心霊スポットであり、新たな怪異現象も聴取できたので、やはり触れないわけにはいかないだろう。

この橋は元々別荘地開発のために建設されたもので、竣工してからは物資の運搬が容易になったが、湯川が織りなす深い峡谷のうえ——高さ百メートルの場所に架けられたため鳥瞰が素晴らしく、秋になると紅葉の名所となるが、毎年のように自殺者が出ることでも有名である。そのため欄干には高い位置まで有刺鉄線が張り巡らされている。

そしてここには、ふたつの禁忌があるという。

橋の途中で車のエンジンを切ってはいけない、また、橋の袂にある鳥居をくぐってはいけない、というものだ。後者に関しては、「天狗社」と掲げられた鳥居が以前あったのだが、よからぬ噂を考慮してか、現在は撤去されてしまっている。なお祠はそのままの姿で残されているようだ。

平成十八年（二〇〇六年）には家族の頭を杭で打ちつけて殺した主婦が、この橋に車を停めて、ルーフのうえによじのぼり、そこから身を投げて死亡した事件が起きている。また記憶に新しい平成二十九年（二〇一七年）には同じ高校に通う二名の女子生徒が、同日にこの橋から飛び降りて亡くなっている。ふたり同時に身を投げたのかは不明だが、学校の調査ではいじめはなかったとされており、自殺した理由などもはっきりわかっていない。

三年ほど前のことだという。

工場で夜勤をしているEさんは、その日は生産が少なかったため早い時刻に仕事が終わってしまった。いつもは朝日が昇ってから帰宅するのだが、工場を出ると深夜の三時前で、外はまだ真っ暗だった。

帰宅するためには軽井沢大橋を渡らねばならない。普段は夕方か爽やかな早朝に通るので不気味に感じることはないが、その日ばかりは違った。

外灯は立っているのに、ひとつたりとも灯っていないからである。とはいえ、短い橋なので一気に渡ってしまおうと思った。

するとそのとき、橋の反対側から大人の男女と小学生ほどの男児の、家族とおぼしき三人連れが歩いてきたので、Eさんはハンドルを握りながら一瞬ぎくっとなった。

この時間、このような場所にいったいなんの用事があるというのか。

もっとも他人の事情などわからないので、薄気味悪く思いながら、少し間隔をとって脇を通過しようとした、その瞬間。

——ねえ、きっと平気だよね。

——なにいってるの、大丈夫じゃないわよ。

——おのれ、あの野郎、ちくしょうめ。

——ようやくここまで来たね。

——そろそろ時間だ。

そんな意味不明な言葉の羅列が、すぐ耳元で囁かれるように聞こえたので、愕きのあまり、思わず車のブレーキを踏み込んでいた。

窓は閉まっているのだから、あんな声が聞こえるはずはないのだ。カーステレオは点けていたが、そのとき流れていたのは聴き慣れた洋楽の曲で、もちろんあのような日本語の歌詞など入っていない。

慌ててルームミラーで背後を見ると、どうしたことか、先ほどの家族がいない。そんな馬鹿な、とすぐに車から降り立ってみても、辺りは森閑としていて、ひとの気配などどこにもなかった。向こうは歩いているのだから、わずか数秒程度で橋を渡り切るとは、とても思えない。

もしかしたら橋から飛び降りてしまったのでは、と橋の欄干に近づいてみたが、そのような形跡もなかった。もっとも、頑丈な有刺鉄線が張られているのだから、三人家族が一斉にそこから身を投げるなど不可能なことに違いなかった。

なんだか不思議な思いで家に帰ったが、翌日以降もあの橋で家族の飛び降りがあったという話は聞かなかったそうである。

不気味な民話（信州各地）

信州には民話が数多く伝わっているが、その大半は神話のようなファンタジーめいたものや牧歌的なものだが、時折、怪奇譚も散見される。

それらのなかから私の眼に留まったものを、いくつかピックアップして紹介してみたい。

木曽上松《あげまつ》の名勝、寝覚《ねざめ》の床《とこ》の近くに「床」と呼ばれる集落があったという。

川が流れる谷地のため、この集落から町に出るときは大変で、わざわざ遠回りをしなければならなかった。そこで村人たちは集落と町を隔てる川のうえに吊り橋を架けることにした。

ほどなく橋が完成し、渡り初めをすることになった。村じゅうから橋の袂にひとが集まってきて、がやがやと騒いでいる。

やがて何人かが橋のうえを歩き始めたが、真ん中まで来ないうちに川の流れが異様な烈しさを増し、どうしたわけか、ぐるぐると渦巻いている。すると突然、荒れた川面から赤い顔の牛が姿を現したので、皆吃驚してその場から逃げ出した。

せっかく造ったものの、その後も吊り橋を渡る勇気のある者は誰ひとりおらず、結局、遠回りをして町へ出たという。


現在の大町市平源汲《たいらげんゆ》のある家で、東山のほうから下女を雇うことになった。

しかし、その家の主は妻も子どももある身でその下女と通じ合い、妻の眼を盗んでは関係を繰り返していた。が、ついに妻がそのことに気づいて怒りくるい、下女の頭を打ち砕いて殺してしまった。

そのことに主は愕いたが、やむを得ず急に亡くなったことにして棺に納め、下女の実家には、

「娘は急死してしまったが、こちらで懇ろに葬儀を取り計らうつもりだ。ついては親戚の者たちは列席するように」

と伝えた。すると、下女の里から数人の親戚の者たちがやってきたが、死人にひと目

逢わせてもらいたいと申し出た。ところが、その家の主を始め、庄屋、組頭一同は裃を着て厳然と、

「なにか死因に疑いでもあるように聞こえるが、これほど懇ろに取り計らうにもかかわらず、そのようなことを申すのか。疑わしいと思うならば、ご覧になるも差し支えない。死人になにかしら他殺と思われることがあったならば、我々の面目上、貴殿らの前で腹を掻き切って申し開きを致す。しかし、そうでない場合は、当然、貴殿らにも同じようにしてもらわなければならぬ」

そういわれると、親戚たちはなにもいえなくなってしまい、そのまま葬儀は済んだという。

しかし、それからほどなくその家の家族七人は病気になるなどして、わずか数年の間に全員死んでしまった。また縁続きの者たちまで不幸が続くなどしたそうである。

現在では荒神《こうじん》を祀って受難除けをしているとのことだ。

弘化《こうか》四年(一八四七年)に起きた善光寺地震は、善光寺平を震源とした直下型地震で、

マグニチュード七・四、死者八千人以上といわれる未曾有《みぞう》の大災害として記録されている。

この際、善光寺周辺は焼け野原になり、地すべりを起こした岩倉山にせき止められた犀川《さいかわ》は二十日ほどして決壊し、川中島平は大洪水に見舞われた。

経験したことのない恐怖に人々は逃げ惑ったが、上流から流れてくる余所の家の家財を、危険を冒しながらかき集める者もいたという。

ある家の母親は、立派な漆《うるし》塗りの長持ちが柳の木に引っ掛かっているのを見つけ、三人の娘たちを呼んでなんとか引き揚げた。

なかを開けてみると、これまで見たこともないような上等な着物などが収まっているので、これはありがたいと、天日に干してから娘たちの夜具にした。

すると朝になって、娘のひとりが夜中に妙な声で起こされたという。

それを聞いた他の娘たちは、私も私も、と声を揃えていった。娘たちの話によると、それは女の声で、

「ぬくといか、ぬくといか（あたたかいか？）」

そう尋ねてきたというのだった。

おそらく着物の持ち主は長持ちにつかまるも流されてしまい、溺れ死んでしまったのだろう。その死者の怨念が着物に取りついているにちがいない——娘たちの母親はそういったそうである。


昔、伊那谷のある河川に渡し場があった。

ある二十三夜の夜明け近くのこと、そこで働くひとりの川越人夫がそろそろ仕事を終えようと帰り支度をしていた。

すると、ひとりの男が息せき切って駆け込んできて、

「どうしても今夜中にこの川を越えねばならぬ。頼む、金はいくらでもあるから、渡してはもらえぬか」

そういわれたので、よほどの理由があるのだろうと、舟に乗せてやることにした。

漕ぎだしてしばらく経った頃、男がたくさん金を持っているといっていたことを思い出した。ちょうどその頃、人夫は妻をめとったばかりだったが、貧しい暮らしぶりだったので、喉から手が出るほど男の金が欲しかった。

川の真ん中辺りまで来たとき、衝動的に人夫は男を殺し、金を奪うと死体を激流のなかに突き落としてしまった。

それからしばらくして、人夫の妻が妊娠し、男の子を産んだ。

ふたりは喜んで大事に育てたが、どうしたわけか、いつまで経っても物がいえなかった。

ところが、三年ほど過ぎた二十三夜に、人夫の夫婦が子どもを連れて河原で月見をしていたところ、子どもが突然、口を開いて、

「三年前の今夜、お前は川の真ん中でひとを殺して金を盗ったな」

まるで大人のような低いしわがれ声でそういうので、夫はもちろん妻も吃驚してしまった。

その翌日、ふたりで白装束に着替えると、家を閉めて、殺した男の霊を弔うために巡礼の旅に出たそうである。

これなどはいわゆる「六部殺し」の典型的な話で、夏目漱石の『夢十夜』第三夜などを想起させる一篇である。こういった話が全国津々浦々に口承されてきた点が実に興味深い。

江戸幕府によって整備された北国《ほっこく》街道は、越後から野尻、善光寺、矢代、坂木（現在の坂城町）、追分などの宿場町を通って、江戸へと向かう重要な街道だった。百万石の殿様行列も通れば、佐渡で掘られた金を運ぶ道でもあったという。

ある夏のこと、佐渡の金山で採掘された金が北国街道を通って江戸へと運ばれた。

何日も掛けて江戸に到着し、荷を開けてみたところ、どうしたことか、金ではなく藁にくるまれた石ばかりが入っている。どこかですり替えられてしまったものと思われた。

極秘のうちに調べが進められたが、どうやら石がくるまれていた藁は坂木のものであることがわかった。

坂木は江戸幕府の直轄地であったため代官所が置かれていたが、幕府の金塊が石にすり替わっていたとあっては、代官の責任は免れない。すぐに捕縛されると、江戸へと送られてしまった。

前年に赴任したばかりの若い代官だったが、領内の巡回もよく行い、仕事をする極めて善良な代官だったので、人々はどのような処分が下されるのかと気もそぞろに案じていた。

すると、その年の晩秋のある日、江戸に送られたはずの代官が坂木の宿場をひとりで歩いているので、不思議に思った宿屋の女将たちが、

「お代官様、どうなさいましたか」

そう声を掛けたが、代官は振り向きもせず、ただ宿場の端から端までを、すうっ、と歩いたかと思うと、皆の眼の前で忽然と姿が消えてしまった。

それから数日経った頃、代官が坂木の宿場町で目撃された日のちょうどその時刻に、江戸で処刑されたことが判明したそうである。


長野市信更町《しんこうまち》の山あいの県道を進んでいくと、木々の間から池の姿が見えてくる。

この池は現在「嫁池」という名称だが、それは近隣住民が話し合って後に決まったもので、元々は「嫁殺しの池」と呼ばれていたそうだ。なぜそのような物騒な名前が付いたのかというと、以下のような話が伝わっているためだという。

昔、ある姑が広大な水田の田植えを一日で終わらせるように嫁にいいつけた。

嫁は朝早くからひとりで田植えをしたが、あともう少しというところで、疲労によってその場に倒れて死んでしまった。

その秋に嫁が植えた稲を刈り取ると、根元が真っ赤なため、これは死んだ嫁の血で染まったのだ、嫁の祟りだ、と地域の者たちは噂した。

その後、どこかから水が湧き出して、水田は池になってしまった。

今でも田植えの時期になると、池の底から女の悲鳴のような声がするのを聞いた者もいるそうだ。

また昭和六十一年（一九八六年）十一月にこの池に乗用車が転落し、ふたりの女性が亡くなってしまう痛ましい事故もあり、池の畔には地蔵菩薩が立っているという。


飯田市南信濃にある龍淵寺《りゅうえんじ》では、数代前の住職の頃まで檀家の者が亡くなると夜中に必ず寺に知らせが入ったという。

お経の本を仕舞っている戸棚の扉がひとりでに開くというのである。音もなく静かに開くときは苦痛なく往生したとき、また荒々しい音を立てながら開くときは苦しんだ末に息を引き取ったときだった。そうなると、翌朝必ず亡くなった者の家族から葬儀の依頼が来たという。

雪をかくひと　（飯山市）

十年ほど前、主婦のK子さんが体験したことだという。

K子さん一家は夫の仕事の都合で四国地方から長野県飯山市に引っ越してきたそうだが、元々、豪雪地帯ということを知ってはいたが、引き移った年の雪の多さに、K子さんは大変に愕いたそうである。

その日は昼間からホワイトアウトしてしまい、外にも出られないほどだった。しかし、どうしても済ませないといけない用事があったので、雪が少し落ち着いた頃を見計らって外出した。

少し行ったところに木造の古い平屋があるが、その屋根のうえに上って凄まじい勢いで雪を下ろしているひとがいる。

よく見ると、腰の曲がった八十代ほどとおぼしき男性なので、足を滑らせて落ちてしまうのではないか、あんな老人にやらせて大丈夫なのかしら、とK子さんは心配した。

もっとも雪国育ちのひとたちは、自分や夫などよりもよほどこういったことには慣れているのかもしれないとも思った。

用事を済ませて帰ってくると、先ほどの家の屋根の雪はすべて下に落とされ、地面の雪も綺麗に家の前に片づけられている。

たかだか二、三十分であのような老人がこれだけのことをしたのかと、K子さんは吃驚してしまった。それを見て、自分も少し雪かきをしておこうかと思ったが、また天候が怪しくなってきたので、夫が仕事から帰ってきたらふたりでやろうと家のなかに入ってしまったという。


春になって、K子さんは町内の自治会の役員に選出されたが、その顔合わせの際、件の家に住む七十代ほどの女性も新役員として来ていることがわかった。

早速、冬期の雪害対策の話になったが、そのときK子さんは近くにいたその女性に、

「ご主人、雪下ろしが早くって吃驚しましたよ。短時間であんなふうにできるんだなって、すっかり感動しちゃって――」

そういうと、女性は眼をまるくして、なんのことだかわからないという。それで数ヶ月前の雪のすごかった日の出来事を話してみると、愕くことに女性の夫は五年前に病気

で他界していると　いうのだった。

「あのひとは十歳上だったから先に逝くのはわかっていたけど、いなくなると寂しいものね。それにこの土地では男手なしで冬を乗り切るのは大変なことよ。かといって、雪かきの代行みたいなものを頼んだことはないわ。だって、うちより大変なところはいくらでもあるもの。そういうところに行ってもらわないと」

もしかしたら、あのひとが助けてくれたのかしらね——。

涙ぐみながら、女性はそういったという。

奇岩（信州各地）

信州は山に囲まれた土地柄のためか、至るところに巨岩が存在し、神として祀られていることも多い。それにまつわる奇談もたくさんあるのでいくつか紹介したい。

日本書紀の時代から、白樺高原周辺は大和朝廷から東国へと抜ける重要な場所で、その道は東山道《あずまやまみち》と呼ばれ、付近には古代の祭祀遺跡が今なお多く残っている。

そのなかでも一番有名なのは、蓼科《たてしな》山の裾野に広がる蓼科第二牧場にある「鳴石《なるいし》」と呼ばれる巨岩で、高さは大人の胸ほど、直径は約三メートルもあるが、特徴的なのはその形状で、あさりなどの二枚貝、あるいは鏡餅を重ねたような形で、楕円形のふたつの石が上下に重なり合って横たわっている。

これは、ひとつの大きな石が割れてこのような形になったのではなく、それぞれ別の場所から運んできた石を重ねていることが現在では判明しているそうだ。

「鳴石」という名前の由来には諸説あるが、小石などで叩くと、カーンと高い音がすることから付いたとされる説と、風の強い日に石が妙な音を立て、その後、必ず悪天候になるという伝承から付いたとされる説があるが、真相はわかっていない。

またこの石にはある言い伝えがあるという。

昔、ひとりの石工がこの石を割ってみようと、玄翁《げんのう》を二度三度、思いきり振り下ろしたところ、突然、もの凄い音とともに地響きが起こり、空が俄かにかき曇って雷鳴が轟いたかと思うと、火の雨が降り注いで、石工はその場で悶死してしまったそうだ。

また最近、ミステリーファンの間で、その特殊な形がＵＦＯ（未確認飛行物体）に似ていると話題になり、叩くと神秘的な音がすることや見晴らしの良い場所にあることなどから、ＵＦＯの離着陸に関係した遺物ではないかともいわれているという。

八ヶ岳の麓に位置する茅野市の外れに、四千年から五千年前といわれる縄文時代中期の集落跡がある。尖石《とがりいし》遺跡である。

地元の考古学者である宮坂《みやさか》英弌《ふさかず》（一八八七～一九七五）らによって解明され、一九五二年に国の特別史跡に指定されたという。

遺跡のある平原から木組みの傾斜を降りていくと、三角錐《すい》の形をした巨大な安山岩《あんざんがん》が姿を現す。古くから地域の人々はこの岩を「とがりいしさま」と呼び、小さな祠を建てて崇めてきたが、遺跡の名前はこの岩から名付けられたとのこと。

地表に出ている部分は約一・二メートルだが、石の下側は地中に埋まっており、ある理由から、その全貌を掘って調べる者はいないという。

元々この辺一帯は長者屋敷と呼ばれていたそうである。

桑畑にすべく開墾しているときに石器や土器が多数出てきて、これはきっと大昔に住んでいた長者のものだろうと人々は話し合った。しかし、祟りを恐れてすべて廃棄してしまったという。

長者の土地であれば、尖石の下にはきっとお宝が埋まっているのだろうと、ある村人が秘かに掘ったところ、おこり（熱病）に罹り、その夜のうちに死んでしまったそうである。

また、この岩肌には人の手によって刻まれた痕跡があるが、古代文字だという説と石斧の研ぎ石だったというふたつの説があるという。

旧木曽郡青木の木曽川の筏場《いかだば》より少し下流に、油石と呼ばれる閃緑色の巨岩があったそうだが、かつてここは急流で、自殺志願者がいると、なぜか皆この岩のうえにのぼってそこから身を投げた。

村人たちは不思議で仕方なかったが、岩は巨大なため動かすわけにもいかない。集まって相談した結果、この岩に地蔵の姿を刻み、二度と身投げする者がないように祈願した。

それからというもの、この岩から身を投げる者はいなくなったという。

伊那市から山梨県南アルプス市にまたがってそびえる仙丈《せんじょう》ヶ《が》岳《たけ》は日本の百名山にも選ばれているが、その麓に女郎岩と呼ばれる岩壁があるという。

昔、ある植木屋の男が盆栽用の木を採りに山に入った際、大きな岩のうえで休憩していたところ、誤って転落して死んでしまったそうだ。

男の妻は毎日のように嘆き悲しんだが、夫の命を奪った山を憎む気持ちは、日増しに大きくなるばかりだった。

そんなある日、妻は家を飛び出して、愛するひとが死んだ山にひとりで向かった。夫の最期の場所に辿り着くと、岩のうえに登って、後を追うようにそこから身を投げてしまった。

それ以来、月夜の明るい晩には、岩のうえで悲しげに佇む女の姿が見えるようになったという。誰がつけたのかわからないが、後にその岩のことを女郎岩と呼ぶようになったそうである。女郎というと遊女をイメージするひともいるかもしれないが、単に若い女性や婦人を差すこともあることを付記しておきたい。


また岩ではないが石について、こういった奇妙な話も伝わっている。

播州赤穂の大河良平という男が、安永の頃、信州に遊行した際にある百姓の家に泊まったが、そのときに起きた出来事だという。

夜中に主人が小便に起きてきて庭を見ると、一面夥《おびただ》しい量の水に浸されているので、愕いて家のひとを呼んで尋ねてみたが、理由を知る者はひとりもいなかった。

出どころを探ったところ、どうやら庭に置いてある草刈籠のなかから水が湧いている。なかを検めてみると、まるい石がひとつ入っていて、そこから水がこんこんと溢れ出て止まらないのだった。

草刈りをした子どもを呼びつけて、この石はどうしたのかと尋ねてみると、

「あまりに美しい石のため、昨日山で拾ってきたのです」

と、そう答えた。

それから二、三日経っても水は変わらず出続けるので、主人は不思議に思って、牛の飼葉を炊く熱湯のなかに投げ込み、しばらくしてから取り出してみると、どうしたわけか水はもう出なくなっていた。

その後、石を叩き割ってみたところ、なかは少しうつろになっていて、約三センチばかりの金色の小さな蛇が死んでいたという。

信州の妖怪たち（信州各地）

大町市にある仁科三湖のうちのひとつである木崎湖《きざきこ》には、アカゴと呼ばれる十一、二歳ほどに見える子どもの妖怪が出るといわれている。

その顔は嬰児のように赤く、猩々《しょうじょう》（猿に似た想像上の動物）のような髪を垂らしながら水面に見え隠れするのだそうだ。

河童のようなものの一種と思われるが、その姿を想像してみると非常に忌まわしい。しかし、このアカゴは人間に対して特に悪さはしないという。

小豆洗い（小豆とぎ）に関しては全国に話が存在しているが、その殆どは狢《むじな》や狸の仕業となっていることが多い。南信地方にも小豆洗いの話は複数伝わっており、そのなかでもこれは少々趣が異なるので紹介しておきたい。

下伊那郡大鹿村《おおしかむら》に流れる鹿塩川《かしおがわ》の上流に欝蒼とした竹藪があったという。

そこを誰かが通ると、河原のほうから、ざく、ざく、ざく、と豆を洗うような音がするので、不思議がった者たちが下を覗いてみたが、特になにも見えない。長らくその音の正体がわからないでいたそうだ。

しかし、それがなんであるか知っている者がひとりだけいた。村に住む古老である。その人物によると、昔、竹藪の付近に掘立小屋があり、そこに得体のしれない男が住んでいたそうだ。よそ者と思われ、とても乱暴者であったので、誰も近寄ろうとはしなかった。

あるとき、男は京都に上ってふらふらしていたが、立派な屋敷にいた娘に眼をつけ、思いのままにさらってきてしまった。

結婚しようと言い寄るが、娘はどうしても頭を縦に振らない。腹を立てた男は毎日のように娘をこき使ったが、元々箱入り娘であったので、なにをしてもうまくできなかった。そのことでぶたれたり怒られたり、ひどい目に遭わされていた。

そんなある日、娘が川で豆を洗っていると、そこへ男がやってきて、またしつこく結婚を迫るが、どうしてもはいといわないので、頭にきた男はとうとう娘を川のなかに突き落として殺してしまった。

それからというもの、夜になると竹藪の下の川のほうから、ざくざく、ざくざく、と娘が豆を洗う音が聞こえるようになったそうである。

河童伝説は日本各地にあるが、最も有名なのは、岩手県遠野市のカッパ淵だろう。しかし、長野県から太平洋に流れる川下りで有名な天竜川の東、駒ヶ根市竜東《りゅうとう》地区にも河童伝説があるという。

寛政《かんせい》元年（一七八九年）のこと。

高遠藩の川奉行だった中村新六が馬に乗りながら見廻りをしていたとき、天竜川と太田切川が合流する「下り松の淵」に差し掛かった。

するとそのとき、突然、河童が川のなかから躍り出て、馬の尻尾を捉えたかと思うと、水のなかに引きずり込もうとした。しかし、馬の力が強かったため、逆に引っ張られる形となって新六の屋敷の馬屋まで連れ込まれてしまった。河童は助けてくださいと必死に命乞いをして、新六はそれを赦したという。

その礼に河童は「加減湯《かげんとう》」という痛風に効く妙薬の製法を教えたそうだ。その後、妙薬は中村家の秘伝として子孫に伝えられたといわれている。

河童が棲んでいたといわれる「下がり松の淵」から数百メートル離れたところに現在も中村家の邸が建っているが、その広壮な敷地の裏手に池があり、そこは「カッパの池」と呼ばれているとのこと。言い伝えによると、河童は薬の作り方を教えながら、その池で暮らしたそうである。

ある若い僧侶が夜更けまで書を読んでいると、傍にひとりの美しい女が現れて、誘うような仕草をしてくる。僧侶は怪しんで近くにあった短刀で斬りはらうと、女の姿は立ちどころに消えてしまった。

翌朝、畳や廊下に血が滴っているのを見つけ、それを辿っていくと、庭の芭蕉《ばしょう》が切り倒されていた。さては昨夜の美しい女の正体はこれであったかと僧侶は思ったという。

その巨大さのためか、古来、芭蕉には妖しい話が多く、中国や琉球（沖縄）などにおいてもよく語られている。

琉球には蕉園という芭蕉を植えた広大な園が至るところにあったが、夜分にその近くを通ると必ず怪異が起きたり、異形の者に遭遇したりするといわれたという。それを避けるのには日本刀を帯刀するとよいとされたが、厳しいご法度のために持ち込むことができなかったそうである。

また一風変わったこんな話もある。

長野県と静岡県の境となる山奥では、古来、雨の夜になると、ひとりの老人とともに怪火が現れるといわれている。

出会っても特に災いにはならないそうだが、履物を頭のうえに乗せて通り過ぎると、老人は脇に飛びのくのだという。だが、怖さのあまり急いで逃げようとすると、どこまでも後を追いかけてくるそうだ。

老人は雨を好むが、どれだけ水が掛かっても、その火が消えることはない。獣の皮を用いれば老人の姿もろとも消せるらしいが、使い方までは伝わっていないという。

マラソン大会　（松本市）

　二〇一七年の秋のことだという。

　会社員のEさんは松本市で新たに行われるというマラソンイベントに出場したそうである。

　総合体育館前からスタートし、陸上競技場をゴールとするフルマラソンで、走りながら松本盆地の街並みや景観を堪能できるコースだった。

　Eさんの自宅はたまたまその沿道にあるので、来そうな時刻になったら家の前に出て応援するから、と妻がいった。

　参加者が多いため最初のうちは自分のペースで走れなかったが、五キロも過ぎるとひともだいぶばらけてきて、思うようにスピードを上げることができた。

　自宅まであと一キロほどの場所に来たときだった。

　Eさんの真横をひとりの男性ランナーが追い越していったが、その瞬間、あれッ、とすっとんきょうな声を上げていた。

妻の実兄——Eさんにとっての義理の兄によく似ていたからである。が、そんなはずはない。

義理の兄も市民ランナーとして多くの大会に出場していたが、松本マラソンの開催が発表された頃、末期がんに罹っていることが判り、すぐに入院したものの症状は日ごとに悪くなっていくようだった。まだ不惑にも達しない年齢だったが、見舞いに行くと老人のようにやせ衰え、息をするのもやっとという様子で、そんな躯でもマラソン大会に参加できなかったことを会う度に悔いていた。その想いもむなしく、ほどなく息を引き取ったのである。

まさか、と思った。

確かめてみようとかなりペースを上げたが、追いつくどころか引き離される一方だった。と、そのとき、家の前に妻が出ていることを思い出した。

もしあれが義兄であれば——あるいはそっくりなひとだったとしても、きっと妻は愕くに違いない。

そんなことを考えているうちに自宅の前に差し掛かったが、どうしたことか妻が出ていない。家の前を通過するおおよその時刻は告げていたはずである。

義兄さんにそっくりな人がいたよ——会ったらそういうつもりだったが、なぜか姿が見えないので、そのままゴールまで走り続けた。

レースを終えて着替えた後、スマートフォンを見ると、妻からの着信が何件も入っている。

競技中に出られるわけがないだろうと思いながらも、家の前にもいなかったし、なにかあったのかもしれないと、その場で折り返してみた。

すると、すぐに妻が出て、

「家の前であなたが来るのを待っていたら、信じられないけど、私の兄が——死んだはずのお兄ちゃんが走ってきたのよ」

決してひと違いなんかではない、と妻はいう。

兄と自分の名前を何度も叫びながら無我夢中で後を追いかけたが、一顧だにせず走り去っていったというのである。

妻が家の前にいなかったのは、その後、慌てて実家の両親に電話を掛けたからだということだった。

屋上の老婆　（長野市）

主婦のN代さんは長野市の高台に住んでいるそうだが、自宅の庭に出ると、そこから市内の街並みが一望できるという。

二年前の晩秋のこと。

早朝にごみ出しをするため勝手口を出ると、空は爽やかに晴れ渡って、空気も澄んでいる。

胸いっぱいに深呼吸をして、眼下に広がる市街地のほうに顔を向けると、いつも以上に街なかの隘路《あいろ》の細かいところまで鮮明に捉えることができた。

ごみの集積所から戻ってきて、再び街のほうに視線をやってみる。そこからはN代さんの両親の住むマンションが見えるのだった。

――お母さんたち、もう起きているかしら。

と、そう思ったとき、両親の住むマンションの屋上にひとが立っているのが見える。どうやら高齢の女性のようだが、とたんに強い違和感をおぼえた。

大きすぎるのだ。

ひとが立っていたとしても豆粒大ほどにしか見えないはずだが、小指の第一関節ほどのサイズはあった。マンションのワンフロア分ほど背丈があるので、そうなると二、三メートルは優に超えていることになる。

果たしてそんなひとがいるだろうか。それほど背の高い女性が住んでいるという話は、これまで一度も両親から聞いたことがない。

屋上の女性は、ゆらゆらと躯を波打たせるような動きをしていて、N代さんの言葉を借りれば、それはまるで「ブレイクダンス」のようだったという。

しばらく女性は同じ動きを続けていたが、そのうち影が朧《おぼろ》げになってきたかと思うと、突然、朝日に吸い込まれるかのごとく、空へ飛ぶようにして消えてしまった。

なによ、これは。

幻覚なのか。いや、たしかにこの眼で見たのだ。

家に戻って時計を見ると、まだ朝の七時を少し廻ったくらいだったが、N代さんは両親の元に電話を掛けてみた。母親はすでに起きていたが、まだ眠たそうな声をしていた。

N代さんはつい今しがた見たものの話をしてみると、

「そんな大きなひと、ここには住んでいないわよ。でも、あなたの話では消えてしまったんでしょう、その女のひと？　不思議ねえ、いったいなんなのかしら」

そういえば昨日の晩、救急車がマンションの前に停まっていたの。なんだかひともたくさんいてガヤガヤやっていたけど、それとなにか関係あるんじゃないかしらね――。

さほど愕いた様子でもなく、そういったという。

ひき逃げ事件（南信地方）

警察ＯＢの男性から聞いた話なので、具体的な地名については伏せたいと思う。

南信地方のある町の国道で会社員男性のひき逃げ死亡事件が起きた。

現場に残ったブレーキ痕や遺体に付着した車の塗料、車両の破片などから、すぐに車種が特定され、ほどなくひき逃げ犯は逮捕されたそうである。

捕まった五十代の男は犯行を自供したものの、轢いたのは大人の男ではなく、ランドセルを背負った小学生の男の子だと主張した。

撥ねた直後に車から降りて確認したので間違いないという。朝まで酒を飲んでいたことで怖くなって逃げてしまったというのだった。

しかし、証拠が揃っているので追及していくと、もしかしたら見間違いだったかもしれないと男は主張を変えてきたので、ほどなく起訴されたそうだ。

ところが、警察ＯＢの男性はなにか心に引っ掛かるものを感じた。警察官になったばかりの頃のことが俄かに思い出されたのである。

それで調べてみたところ、昭和四十八年に事故のあったまさにその場所で同じような
ひき逃げ事件が起きたことがわかった。
そのときの被害者が通学途中の小学生男児だったという。

いなくなった友人　（長野市）

五年前のことだという。

当時、長野市内の大学に通っていたTさんは、講義中に長らく会っていなかった友人のU君が教室の端の席に座っているのを見かけた。

入学した当初、最初に仲良くなったグループのうちのひとりだったが、大学一年生の夏期休暇明けからまったく姿を見かけなくなったのだった。

夏休みに入ったら実家に帰省するつもりだといっていたが、帰った先でなにかあったのだろうかと、Tさんたちは心配し、各々U君のスマートフォンに電話を掛けてみたが、一向に繋がらない。

実家は新潟県であることは知っていたが、詳しい住所や家の電話番号などはわからないので、どうにも調べようがなかった。ある友人はU君の住んでいたアパートに行ってみたが、何度呼び鈴を鳴らしても応答がなかったということだった。

大学の教務課に掛け合えばなにかわかるかもしれない、と誰かがいったが、個人情報とあって、実家のことなど教えてはくれないだろうと思われた。

ある日、突然いなくなった友人が一年半ぶりに講義に出ているので、休学でもしていたのだろうかとTさんは考えた。しかし、そうだとしたら進級などできていないはずで、この講義を受けていること自体おかしな話だった。

もしかしたら大学に顔を出して、ついでに講義に潜りこんでいるのかもしれない。

俺たちが吃驚するのをきっと面白がっているのだろう――そう思って、ちらちらと視線を送るが、U君とおぼしき学生がこちらを向くことはなかった。

仕方がないので終わったら話し掛けてみようと考えていたが、講師が教室から出ていった後、Tさんが立ちあがってU君のほうに顔を向けると、どこへ行ってしまったのか、すでに姿は見えなくなっていた。

そのことを友人たちに話してみると、見間違いじゃないのか、と口々にいわれたが、それからほどなく、彼以外にも構内でU君を見かけたという者が出始めた。

しかし不思議なのは、誰もU君と顔を合わせて会話を交わした者がいないことだった。

遠目に見かけて急いで向かうと、なぜかいなくなっている。

Tさんと同じように講義中に見かけて、わかるように視線を送ってみても、なぜかこちらを見ようともしない。終わった後に声を掛けようとするのだが、やはりいつのまにかいなくなっているというのだった。

その後もU君は構内でしばしば見かけられたが、結局、卒業するまで誰も会って話すことができなかったそうである。

自習室　（東信地方）

十五年ほど前、当時小学五年生だったFさんは、学校からほど近い場所にある学習塾に通っていたという。

そこは古い雑居ビルの一階だったが、広さがあるので教室のほかに自習室も備わっていた。だが、Fさんは、その自習室で勉強をするのが、なんとはなしに厭だった。陰気なのである。

真夏なのに肌寒く感じるので、講師に冷房を弱めてもらえないかと尋ねると、電源は入れていないという。なんともいえない妙なにおいが漂ってくることもあった。そんなときは窓を全開にするのだが、一度鼻についたそれはなかなか消えなかった。

それに天井のシーリングライトはすべて点灯しているのに、なんだかいつも薄暗い。子ども心にも電球のワット数を間違えているのではないかと思っていたという。

そんなふうに感じているのは自分だけかと思っていたが、何人かの生徒たちと話しているうちにやはり同じように思っていることがわかった。

そんなある日、自習室で勉強をしていた入塾したばかりの女子生徒が突然大きな声を出したので、授業中だった講師や生徒たちが駆けつけてみると、その部屋の隅のほうに向かって震えながら指を差している。

講師がどうしたのかと訊くと、

「先生、こわいッ。だって、あそこに首を吊ったひとがいるから――」

そういうので見てみるが、もちろんそのような者はいない。

「なにをいってるのかな。そんなひとはいないけど」

講師は笑いながら答えたが、女子生徒はこれから授業があるというのに、そそくさと文房具をしまって帰ってしまった。講師は不思議そうに首を傾げていたが、Fさんはいつも以上に冷気を感じて、腕にびっしりと鳥肌が立ったという。

よほど怖かったのか、女子生徒はその日以降、まったく塾に来なくなった。Fさんたちもなんだか気味が悪くなって、それきり自習室を使わなくなったそうである。

結局、Fさんも小学校の卒業とともにそこを辞めてしまったが、大学を出る頃にあの雑居ビルから学習塾がなくなってしまったことを知った。

しばらくそこにはテナント募集の貼り紙がされていたが、そんなある日、高校時代の友人が古本屋を兼ねたカフェを開きたいというので、学習塾の入っていた物件が広さなどの条件が合うのではと思い、薦めてみた。

数日後に友人はひとりで内覧に出掛けたようだったが、すぐにFさんに電話を掛けてきて、あそこは駄目だといった。

入ってみたら、ふたつある部屋の奥のほうの隅で首を吊ったひとが揺れていたというのである。が、それは現実の人間ではなく、真っ黒いシルエットだけだったという。

リフトの女性客（北安曇郡）

公務員のDさんの話である。

十年ほど前の冬、当時大学生だったDさんは、白馬のあるスキー場でリフト係のアルバイトをしていたそうである。

仕事は乗客補助と降客補助、それにリフト操作があり、これを三十分のローテーションで回るのだが、ひと通り終わるたびに一時間の休憩が入るので、実働時間が短く、割のいい仕事だったという。

その日は朝から吹雪いていたが、三連休ということもあり、ゲレンデは多くの客で賑わっていた。午後になってDさんが乗客補助の係に当たったときのことだった。

ピンク色のスキーウェアを着た女性客がリフトに乗ろうとした。見るからに初心者といった感じなので、転ばないように気をつけながらリフトの椅子に乗せた。

すると、それから五分もしないうちに先ほどの女性がまたリフトに乗ろうとする。一瞬、よく似たひとかと思ったが、ウェアもスキー板も同じもので、レンタルにもないやけに古いデザインのものだった。

そんなことがあるだろうか。どうやってもリフトの到着地点からここまでは、初心者であれば十分以上は掛かるはずである。

不思議な気持ちに駆られたまま女性をリフトに乗せたが、それからまた五分ほど経った頃にまた同じ女性が並んでいるので、Dさんは思わず凝視してしまったが、やはり間違いない。

いったい、どうやって降りてきているのか。上級者だとしても、そんな速さで滑走することなどできるはずがない。

少し気味悪く感じながら再び女性をリフトに乗せたが、その後、Dさんは降客補助の係に回った。

しばらく経った頃、リフトから降りてきたひとりの男性客が、

「ついさっき眼の前のリフトに座っていた女のひとが、ちょっと眼を離したすきにいなくなっちゃったんだよ。落ちたのかと思ってすぐに下を見たけど、吹雪いていてよくわからなくてね。あの高さから落ちたらけがをしているはずだから、調べてみたほうがいいかもしれないよ」

そういわれたので、すぐにパトロール隊に連絡を取ったが、数時間捜索してもそのような女性は発見できなかったそうである。

塚と石仏　（信州各地）

信州を旅していると、塚や石仏などが非常に多く点在していることに気づく。

とりわけ安曇野の道祖神《どうぞじん》信仰は有名で、現在では旅人の安全を祈願するためのものとされているが、本来は悪霊や疫病といった悪いものが地域に入り込まないよう辻や峠に祀ったものであったそうである。


天文《てんぶん》年間（一五三二〜一五五五）のことだという。

須坂にとても繁盛している飴屋があったが、そこのひとり息子の若者は家業を継がず、親の反対をよそに京に上ってしまった。

都へ出た若者はある公卿の家で奉公することになったが、働き者で気立てがよかったせいか、そこの娘である乙姫に好かれ、若者もまた彼女のことを恋慕った。

しかし身分が違いすぎる。思い悩んだ若者はここにいては彼女を苦しめてしまうだけだと考え、ある夜、黙って奉公先を抜け出た。

が、家出同然で飛び出したのだから、そのまま須坂の生家に帰るわけにもいかない。とりあえず江戸に出て、しばらく身を隠すことにした。

若者がなにもいわずに姿を消してしまったことを乙姫は気に病み、そうすると想いは更に募るばかりで、ある日思い立つと、十二人の侍女を従えて、信州須坂へと旅立った。長い旅路の末、ようやく須坂の飴屋に着くと、若者の母親が出てきて、「息子ならいない」と冷たくあしらわれた。

乙姫は落胆のあまり、持っていた短刀で自分の首を刺した。それを哀れに思った侍女たちも、お互いののどを突き刺して後を追うように皆死んでしまったという。

乙姫が自刃したときに使った短刀が村のひとたちに祟りをするというので、姫の霊魂を不相明神《そわずみょうじん》（添わずの神）とし、侍女たちとともに相杜神社《あいもり》に合祀することにした。

村人たちは乙姫たちのために十三の塚を築いたが、嫁入り行列がその脇を通ることはついぞなかったそうである。

有明山《ありあけやま》の麓、現在の安曇野市穂高宮城の魏石鬼窟《ぎしきのいわや》に八面大王という鬼が住み、人々を悩ましたといわれている。

将軍、坂上田村麻呂はこの鬼と戦うが、なかなか倒すことができなかった。と、そんなとき、同市穂高牧の満願寺の観音様が夢に出てきて、お告げの通りに矢村に住む者から献上された山鳥の尾で作った矢で射ったところ、なんとか退治することができたという。

言い伝えでは八面大王は鬼とされているが、実際は朝廷の侵略に逆らった地方豪族ではないかともいわれている。中央集権は多くの年貢で民衆を苦しめたが、それを護るために立ち上がったのが八面大王たちだったともいわれ、戦いに敗れた英雄としても語られているそうだ。

八面大王の死後、生き返ることを恐れたのか、現在の松本市筑摩《つかま》神社に首を、安曇野市の大王神社には胴体を、といったように、解体されたうえで別々に葬られたという。

また耳が埋められた安曇野市の大塚神社のある地域は耳塚と呼ばれ、足が埋められた場所は立足という地名になったそうである。

日本全国に七人塚と呼ばれる塚はいくつか存在するが、その殆どは侍が討ち死にして葬られたものである。しかし、この話はやや趣が異なる。

昔、三峰山から七人の行者が南相木村《みなみあいきむら》にやってきたという。

その行者たちは中島（中条とも）のある宿に泊まったが、朝になって出ていくとき、

「こんなもてなしの悪い宿があるかッ」

そう怒鳴りながら、畳をずたずたに切り裂いて出ていってしまった。宿代を払いたくないので、いいがかりをつけて逃げようとしたのである。

宿の主人はかっとして、また腕に覚えがあったものだから、刀を取り出してくると追いかけていって、七人全員を斬り捨ててしまった。

ところがその後、宿を営む一家は災難ばかりが続くので、これは殺した行者たちの祟りではないかということになった。

そこで斬り殺した場所に塚をつくって、そのうえに七つの石像を祀り供養したところ、災いはなくなったという。

これも少し似た話なので併せて紹介したい。

昔、戸倉の福井（現在の千曲市福井地区）のある家に若い六部《ろくぶ》がやって来て物乞いをした。

六部とは全国六十六ヶ所の霊場を廻って法華経を奉納する巡礼僧のことで、鼠色の衣装を身にまとい、死後の冥福を祈りながら家々の門口で物乞いをするのである。

若い六部がその家を訪ねたとき、ちょうど家の妻が片肌を脱いで髪を梳《す》いていた。僧といってもまだ邪念の多い若者とあって、六部は思わず見入ってしまった。はちきれそうな乳房がその眼に飛び込んできたからである。

鈴を打ち鳴らすのも忘れて家に上がり込むと、そっと近づき、女の乳房に触れてしまった。

それを見た家の主人は頭に血がのぼって、床の間の刀を掴むや、六部を家から引きずり出して、一刀両断にその首を刎ねた。すると、よほど切れ味が鋭かったのか、ずっと先にある橋の袂まで首が飛んでいった。

しかし、それからというもの、その家は死人が出たり病人が出たりなど凶事が相次ぐので、これは六部の祟りではないかと人々は噂した。

そこで主人は首の落ちた橋の袂に地蔵尊を建てて、懇ろに六部の供養をした。それから災難はなくなったそうだが、いつしかその家には片目の白蛇が住みつくようになった。まだ六部の怨念が残っているのかと思われたが、むしろこの家の守り主であると考えられるようになったという。

諏訪大社下社春宮《すわたいしゃしもしゃはるみや》の近くに万治《まんじ》の石仏と呼ばれる一風変わった仏像がある。高さ二メートルほどの半球状の巨大な自然石のうえに、不釣り合いなほど小さな頭が載っているので、初めて眼にしたひとは思わず笑ってしまうようだ。

かつて岡本太郎《おかもとたろう》氏が諏訪大社の御柱見物に訪れた際、偶々《たまたま》眼にした万治の石仏に大感激し、興奮しながらカメラのシャッターを切ったそうである。その後も何度か石仏を見るために諏訪を訪れたが、新聞や雑誌などでその魅力を頻繁に紹介したという。

万治の石仏という名前の由来は、胴体に刻まれた「万治三年十一月一日」という日付からとのことだが、万治三年（一六六〇年）といえば江戸時代初期に当たり、幕府の将軍は徳川家綱《いえつな》だった時代である。

この石仏の製作者は、はっきりとはわかっていないが、それに関してひとつ語り継がれている言い伝えがあるそうだ。

諏訪大社下社に大鳥居を奉納する際、石工がこの石を材料にするためノミで穿ったところ、傷口から血のようなものが流れ出したので、周囲の者たちは恐れをなして作業は取りやめることになった。改めてこの石に阿弥陀如来を刻んで石仏として建立したという。

旧軽の別荘（北佐久郡）

軽井沢といえば高級別荘地として名高いが、そのなかでも特に旧軽井沢、通称旧軽は地価も高く、富裕層の間では大変に人気のエリアだという。

都内で内科の開業医をしているKさんは、今から四年ほど前に同じ医師の知人から、旧軽井沢の別荘が売りに出されているので買わないか、と打診を受けた。

築年数はまだ五年ほど、外観や内装もモダンな造りなので、きっとKさんの趣味に合うだろうと知人はいった。それほど大きくはないので管理も比較的楽だろうとのことだった。

かねてから別荘を所有したい気持ちはあったので、俄かに興味をおぼえたKさんは休みの日に車を飛ばして件の別荘を訪れてみた。

たしかに知人のいうとおり、Kさんの趣味に合う和モダンな建物とあって、ひと眼で気に入ってしまった。しかし、これほどの家を造ってなぜ売りに出してしまうのかと奇妙に感じた。もっとも、支払いができなくなってしまったとか、買ったものの来ることができなくなったなど、理由はいくらでもありそうにも思えた。

金額的には破格といっていい値段なので、内覧もそこそこに購入を決めてしまったという。

休みの度に家のものを少しずつ買い足していったところ、二ヶ月も経つと都内のタワーマンションの自宅よりも生活しやすい空間が出来上がったそうだ。

ただひとつ不満な点があった。

異常に冷えるのである。

軽井沢は夏の終わりとともにぐっと冷え込み、夜間は暖房を入れなければならないほどだが、終日エアコンは二十二度に設定しているのだし、部屋の温度計もちゃんとその値を差している。そのうえ床暖房も入れているというのに、なぜこうも寒く感じるのか理由がわからなかった。

更に二ヶ月ほど経った頃のこと。

湯上りにビールを飲みながらリビングルームを歩いていると、テレビ画面に男の顔が映っている。どこかで見覚えがあるが、なんという名前の芸能人かわからない。いや、なにか見た感じがするのは芸能人だからではなく、どこかで実際に見知った顔なのだと、ふとKさんは思った。

さて誰だったろうと思い出しているとき、画面に映る男の首に胴体がないことに気がついた。

生首なのである。

なにかそんなおどろおどろしいテレビ番組なのかと思ったが、考えてみれば、テレビなど点けた覚えがない。

すぐにテレビの電源を見ると、オフを意味する赤いランプが灯っている。慌ててリモコンを手にして画面を消そうと試みたが、その生首は五分ほど映ったままだった。

いったいなんだったのかと奇妙な思いにとらわれていたが、生首の正体が誰であったのか、卒然とKさんは思い出した。

もう五年も前に患者だった男性だが、自分のクリニックで胃がんがわかり、近くの大きな病院に紹介状を書いたひとに間違いない。

と、そう思ったとたん、背筋にぞっと寒気が走り、その夜はなかなか眠りに就くことができなかった。

それからも同じようなことが三度ほどあり、そのいずれもが過去にKさんのクリニックに通院していた患者たちで、彼の元で大病が判明したひとばかりだった。

当時の病状からして、皆すでに亡くなっていてもおかしくないと思われたが、こんな形でKさんの元に現れることにどんな意味があるのか、どうして自宅のマンションではなく別荘なのか、なぜ生首の姿で出てくるのか——その辺りの理由がいまだにわからないままだという。

死者への畏敬の念はあっても、医学に携わる者として霊魂の存在はこれまで信じていなかったが、あのことがあってからは否定することができなくなった、とKさん。

その後、テレビは引き払ってしまったそうだが、もうかれこれ二年以上、せっかく手に入れた別荘だが、なんだか行く気になれず足を運んでいないそうである。

あとがき

実のところ、私が信州に特化した怪談集を刊行するのは、今回が二度目である。

二〇一八年にTOブックスから『長野の怖い話　亡霊たちは善光寺に現る』（一銀海生氏との共著）を出版したが、その際に紹介できなかった話が複数残っていたので、もし第二段があるのなら是非書かせていただきたいと思っていた。そんな矢先、最近ご当地怪談に力を入れている竹書房さんからオファーをいただき、一も二もなくお引き受けをした次第である。

長野県は北信・東信・中信・南信の四つの地域に分けられるが、首都圏一都三県の面積の合計とほぼ同じ県土とあって、同じ県内でも歴史や風土、気候、文化、交通、産業、食などの面で大きく異なるのが特徴だ。深い山々に囲まれた土地柄で、今のように鉄道や道路が整備される以前は、まさに陸の孤島といった状態だった。そのためか、県境となると難所だらけで、そういった場所で起きた悲劇の話はそれぞれの地域で古くから語り継がれており、今では心霊スポットのようになっている点が大変に興味深い。

本書は現代の怪談実話はもちろん、信州に伝わる膨大な伝承のなかから、私の琴線に触れた怪奇譚も選びぬいて掲出することにした。古代の神話はファンタジー色が強いため省くことにし、できるだけ戦国時代以降の、史跡などが残っている、たしかにそこでなにかが起きたであろう話だけを拾い上げた。それらを現代怪談とあえてランダムに並べることによって、時代往還のような妙味を感じていただければ幸いである。

また本書では、前著『長野の怖い話』とネタの被りがないように努めた。読者の方に折角お手に取っていただいたのに、前にも読んだ話というのではあまりにも不誠実と考え、同じ話はひとつとして掲載しないようにした。ただ、善光寺と軽井沢大橋に関しては前著でも触れているが、前回とは異なり本書では怪奇体験談を紹介しているので、ご了承いただきたい。

版元が異なるため恐縮だが、信州への旅行をお考えの方には、前著『長野の怖い話』とこの『信州怪談』の二冊を携行していただければ、有名な観光地を巡るだけではない、より深い旅行をお愉しみいただけるものと期待する。

また、「あの場所が載っていない」などという意見もあるかもしれないが、インターネット上での根も葉もない噂話であったり、私有地等の問題もあったりするため迂闊に紹介することはできなかった。そちらの点もご承知おきいただきたいと思う。

私事により原稿が遅れ気味だったにもかかわらず、粘り強くお待ちいただいた編集氏、また今回は多くの参考文献のお世話になったが、それらの著者である諸先生方に厚く御礼を申し上げたい。

立春の翌日に　　　　丸山政也

参考文献・出典・引用

『信州ミステリー紀行』読売新聞長野支局／編著　ほおずき書籍
『山の伝説』青木純二　長野県図書館協会／編　一草舎
『語り継ぐ大町の伝説　全380話』大町民話の里づくり　もんぺの会　一草舎
『全国妖怪事典』千葉幹夫／編　講談社
『山の怪談』岡本綺堂他　河出書房新社
『信州のふしぎな話』信州児童文学会／編　郷土出版社
『信濃奇談夜話』野田悠　郷土出版社
『日本怪奇物語』平野威馬雄　日本文芸社
『信州の狼（山犬）伝承と歴史』大橋昌人／編著　ほおずき書籍
『日本怪談実話〈全〉』田中貢太郎　河出書房新社
『日本怪談大全　第三巻　禽獣の館』田中貢太郎　国書刊行会
『怪異な話　本朝不思議物語』志村有弘／編　河出書房新社
『伊那谷の民話集』向山雅重／採話　小沢さとし／編　郷土出版社

『信州の民話伝説集成　北信編』高橋忠治／編著　一草舎
『信州の民話伝説集成　東信編』和田登／編著　一草舎
『信州の民話伝説集成　中信編』はまみつを／編著　一草舎
『信州の民話伝説集成　南信編』宮下和男／編著　一草舎
『現代民話考　1』松谷みよ子　筑摩書房
『現代民話考　7』松谷みよ子　筑摩書房
『現代民話考　8』松谷みよ子　筑摩書房
『現代民話考　9』松谷みよ子　筑摩書房
『大正の怪談実話ヴィンテージ・コレクション』東雅夫／編　メディアファクトリー
『松井須磨子　芸術座盛衰記』川村花菱　青蛙房
『山だ原始人だ幽霊だ』西丸震哉　経済往来社
『47都道府県・妖怪伝承百科』小松和彦・常光徹／監修　丸善出版
『日本怪異妖怪大事典』小松和彦／監修　東京堂出版
『私たちが調べた木曽の伝説　第一集』木曽西高等学校地歴部民俗班
『あしなか　六十八号』山村民俗の会

『杉村顕道怪談全集　彩雨亭鬼談』杉村顕道　荒蝦夷
『開放病棟――精神科医の苦闘』近藤廉治　合同出版
『善光寺の不思議と伝説――信仰の歴史とその魅力』笹本正治　一草舎出版
『文豪怪談傑作選・特別篇　文藝怪談実話』東雅夫／編　筑摩書房
『諸国怪談奇談集成　江戸諸国百物語　東日本編』人文社
『現代語訳　怪談「諸国百物語」』志村有弘／訳　河出書房新社
『近世奇談集成（一）』高田衛・原道生／編　国書刊行会
『江戸奇談怪談集』須永朝彦／編訳　筑摩書房

信州怪談

2021年3月6日　初版第1刷発行

著者　丸山政也
企画・編集　中西如（Studio DARA）
発行人　後藤明信
発行所　株式会社 竹書房
〒102-0072 東京都千代田区飯田橋2-7-3
電話03（3264）1576（代表）
電話03（3234）6208（編集）
http://www.takeshobo.co.jp
印刷所　中央精版印刷株式会社

定価はカバーに表示しています。
落丁・乱丁本の場合は竹書房までお問い合わせください。

ISBN978-4-8019-2559-5 C0193